Über dieses Buch Der 1965 gestorbene Schweizer Kinderpsychotherapeut und Pädagoge Hans Zulliger besaß nach den Worten von Alexander Mitscherlich »eine außergewöhnliche Schärfe der Beobachtungskraft, ein ebenso lebhaftes Talent zur Darstellung« und »ein hohes Bewußtsein von der methodischen Bedeutung all dessen, was er sieht und darstellt«. Unter den Psychoanalytikern, die sich mit der Kinderbehandlung befassen, sei Zulliger »unzweifelhaft der, der am nächsten an die Welt des Kindes herangekommen ist... aus einem wirklichen Ingenium heraus«. Die von Alexander Mitscherlich gepriesenen Fähigkeiten Zulligers zeigen sich besonders deutlich in dem vorliegenden Buch, einer bereits als klassisch geltenden Arbeit über eines der wichtigsten und zugleich heikelsten Themen der Kindererziehung. Dabei bedient sich der Autor einer sprachlich wie inhaltlich anschaulichen Darstellungsweise, daß auch der Laie ihm ohne weiteres folgen kann. Zulliger verstand sein Buch, dessen acht Kapiteln Gastvorlesungen des Autors zugrunde liegen, als einen »bescheidenen Beitrag« zur Klärung eines »vielfach zusammengesetzten und rätselhaften seelischen Gebildes«.

Der Autor Hans Zulliger (1893–1965), Psychoanalytiker und Lehrer, gehört zu den Begründern der modernen Kinderpsychotherapie. Seine zahlreichen Arbeiten zu den verschiedensten Fragen der Kinderbehandlung und -erziehung gelten als richtungsweisend. – Von Hans Zulliger ist außerdem im Fischer Taschenbuch Verlag erschienen: ›Die Angst unserer Kinder‹ (Nr. 42317).

Hans Zulliger

Umgang mit dem kindlichen Gewissen

Fischer
Taschenbuch
Verlag

Geist und Psyche
Begründet von Nina Kindler 1964

Ungekürzte Ausgabe
Veröffentlicht im Fischer Taschenbuch Verlag GmbH,
Frankfurt am Main, Juni 1989
Lizenzausgabe mit freundlicher Genehmigung der
Ernst Klett Verlage, Stuttgart

Umschlaggestaltung: Buchholz / Hinsch / Hensinger
Umschlagfoto: Bildagentur Alphapress
Hank Lebo – Jerobo am
Druck und Bindung: Clausen & Bosse, Leck
Printed in Germany
ISBN 3-596-42324-4

Inhalt

Vorwort zur ersten Auflage

Diese acht Kapitel umfassenden Abhandlungen stützen sich auf Gast-Vorlesungen, die ich im Herbst 1952 unter dem Titel *Gewissensbildung, unbewußtes Moralisches und Fehlreaktionen des Gewissens* an der Abteilung für Psychosomatische Medizin der Universität Heidelberg und am 2. Fortbildungskurs für medizinische Psychologie und psychologische Diagnostik in Treysa-Hephata hielt.

Durch die Drucklegung ist den damaligen Hörern, welche die Vorlesungen nach dem Vortrag auch gern noch gelesen hätten, gedient, ferner all denen, die sich für die Gewissensbildung und -erziehung interessieren.

Die Psychologie, insbesondere die Tiefenpsychologie, ist noch eine ziemlich junge Wissenschaft. Sie enthält zahlreiche fachliche Ausdrücke, die von verschiedenen Autoren unterschiedlich verwendet werden und leicht zu Mißverständnissen führen können. Solche zu vermeiden, stelle ich das erzählte Beispiel in den Mittelpunkt meiner Erörterungen, um alsdann das Allgemeingültige und Theoretische daran abzuleiten.

Das Erforschen des Gewissens, seines Aufbaues, seiner Entwicklung und Fehlentwicklung dient letzten Endes einem praktischen Ziele: es möchte *Eltern, Erziehern, Heilerziehern, Kinderärzten, Kinderpsychotherapeuten, Geistlichen* und auch dem *Strafvollzugspersonal* dienen – der *psychischen Hygiene* und der *Prophylaxe der Neurosen, des Verbrechens und Rückfallverbrechens.*

Möge man das vorliegende Buch als einen bescheidenen Beitrag hinnehmen, allerhand Sachverhalte in bezug auf ein vielfach zusammengesetztes und rätselhaftes seelisches Gebilde zusammenzufassen! Wenn sich der Autor dabei auf seelenkundlich-naturwissenschaftliche Methoden und Betrachtungsweisen beschränkt, geschieht es mit Absicht. Die philosophische und religiöse Fundierung möchte den entsprechenden Fachleuten überlassen werden.

Ittigen (Bern), im Mai 1953 H. Z.

Vorwort zur dritten Auflage

Das Gewissen ist als Anlage jedem normalen Kinde in die Wiege gegeben. Damit das Kind die Anlage entfalten kann, hat es vor allem den dauernden und innigen Kontakt mit seiner menschlichen Umgebung nötig. Denn die Formung des Gewissens hängt in höchstem Grade davon ab, daß das Kleinkind Gelegenheit habe, tiefere *Objektbeziehungen* aufzurichten, *lieben zu lernen*, sich an ein Du zu ›binden‹. Das natürlichste Liebesobjekt ist zunächst die *Mutter* (oder eine Ersatzperson), später der *Vater*; erst viel später, wenn der junge Mensch seelisch reifer geworden ist, sind es die *abstrakten Ideale* und *Gott*.

Daran hat sich seit der ersten Veröffentlichung meines Büchleins nichts geändert, und darum schien mir nicht nötig, am Text der früheren Auflagen etwas beizufügen, wegzulassen oder zu ersetzen.

Was ich niederlegte, ist aus einer Jahrzehnte dauernden Lehrertätigkeit und meiner Erfahrung als Kinderpsychotherapeut und nicht ›am grünen Tisch‹ entstanden, und was ich erfahren und gedacht habe, stimmt mit den Funden der Tiefenpsychologie überein, kann mit ihnen theoretisch begründet und überbaut werden. Die Hauptsache, so scheint mir, sind jedoch nicht Theorien, sondern die *Praxis der Erziehung* und das, was sich aus den Theorien in die Praxis umsetzen läßt, um Generationen heranzuziehen, die der Stimme ihres Gewissens und nicht äußerlichen Scheinidealen folgen.

Es ist die Seele, die gesund bleiben muß.

Das Bändchen will dieser Notwendigkeit dienen.

Ittigen (Bern), im Oktober 1960 H. Z.

1. Kapitel: Erster Überblick über die Probleme der Gewissensanlage und Gewissensbildung

Wenn wir vor die Aufgabe gestellt sind, über das Gewissen nachzudenken oder darüber zu diskutieren, erfaßt uns das Gefühl, wir ständen im Begriffe, ›heiliges Land‹ zu betreten. Wir lüften gleichsam den Hut; denn das Gewissen, so sind wir von frühester Kindheit an gelehrt worden – und wir sind auch davon überzeugt –, ist die *›Stimme Gottes‹*, die mahnend in uns spricht und uns veranlassen möchte, stets den ewigen Idealen treu zu bleiben. Wir sind der Meinung, das Gewissen sei einer kommunizierenden Röhre ähnlich, die uns direkt mit dem Absoluten verbindet: es teile uns regelmäßig und völlig unzweifelhaft mit, was recht oder unrecht, gut oder böse, moralisch oder unmoralisch, erlaubt oder unstatthaft ist.

Es soll hier nicht etwa abgestritten werden, daß das Gewissen eine seelische Instanz sei, die uns mit dem Göttlichen verbindet. Aber zeigt uns die alltägliche Erfahrung nicht, es sei dies nur bedingt richtig?

Ist es Anmaßung oder gar Blasphemie, dies auszusprechen?

Wir begehren nur, sowohl dem Kaiser als auch Gott sein Recht zu lassen und sehen uns genötigt, dies zu tun, sobald wir die *Realität des praktischen Lebens* betrachten und dabei den Kopf nicht in den Sand stecken, und wenn wir vom Gesichtspunkt der Entwicklungspsychologie unser Augenmerk dem Gewissen zuwenden.

Der zehnjährige Sohn eines Bauernknechtes stiehlt auf dem Schulweg ein paar Kirschen. Er reißt sie vom Baume eines Nachbarn. Dieser erblickt, vor seinem Hause stehend, den Plünderer. Er schaut ihm eine Zeitlang zu. Dann findet er, der Bub könnte es endlich genug sein lassen, und er läßt einen Warnpfiff ertönen. Der Knabe läßt vom Aste ab und geht seines Weges weiter. Er begehrt nicht, mit dem Nachbarn in Konflikt zu kommen. Aber er empfindet auch keinerlei Gewissensbisse. Im Gegenteil, er denkt, der Bauer sei ein Geizhals und hätte ihn schmausen lassen sollen. Es mache dem Manne, der viele Kirschbäume besitzt, gar nichts aus, ob er über ein paar Früchte mehr oder weniger verfüge.

Andernteils vergißt der Bauer den Vorfall sofort. Er empört sich keinesfalls darüber, daß ihm der Knechtssohn etwas entwendet hat, und denkt nicht daran, deswegen bei dessen Vater Klage zu führen.

Am andern Tag steht der zehnjährige Sohn des Dorfpfarrers unter dem gleichen Kirschbaum. Die reifen Früchte locken. Der Bub zögert. Er weiß nicht, zu was er sich entscheiden will. Sein Gewissen fordert: »Du sollst nicht stehlen!« Die Stimme seiner Gelüste jedoch ermuntert ihn: »Nimm nur, es sind so viele Kirschen am Baum – so viele gute Kirschen!« Der Knabe blickt sich um, ob ihn wohl jemand beobachte, und da er niemand sieht, pflückt er Früchte. Da tritt der Landwirt aus dem Stall und ruft erbost: »Willst du meinen Kirschbaum in Ruhe lassen, oder soll ich dir meinen Hund anhetzen!« Der Bub läßt den Ast fahren und läuft erschrocken davon. In der Schule ist er während des ganzen Vormittags unaufmerksam, ›nichts wert‹, wie der Lehrer feststellt. Er kann nicht wissen, daß den Pfarrersbub Gewissensbisse peinigen, und daß diese für ihn wichtiger sind als mündlich Rechnen, Geographie, Aufsatz und Turnen. Am Mittag macht der Knabe einen Umweg nach Hause. Er will nicht am Orte seines ›Verbrechens‹ und am Bauernhause vorüber. Daheim erwartet ihn sein Vater mit vorwurfsvollem Blicke. »Ach!« seufzt er. »Was man doch mit seinen Kindern für Scherereien hat!« Nach dieser vielsagenden Einleitung teilt er dem zerknirschten Sohne mit, der Bauer habe angeläutet, und sie müßten ihn gemeinsam aufsuchen, um ihn wieder zu versöhnen und den Schaden gutzumachen. »Der Sohn eines Pfarrers ein Obstdieb – hast du denn nicht gefühlt, daß du nicht stehlen darfst – hat dich dein Gewissen nicht geschlagen?« jammert der Vater.

Wir sehen, daß das Gewissen in einem Falle überhaupt nicht anspricht, im anderen aber vielleicht sogar in etwas übertriebenem Maße. Es bestehen demnach bestimmte Unterschiede. Wir fragen uns, weshalb es zum einen Male nicht, zum anderen aber empfindlich reagiert und meinen, wenn es doch ›die Stimme des Absoluten‹ sei, müßte es beide Male gleich in Erscheinung treten. Denn beide Male spielt sich die Geschichte gleichen Ortes ab, und beide Male handelt es sich um gleichaltrige Knaben. Sie sind überdies gleich intelligent: in ihrer Klasse wetteifern beide um die vordersten Ränge.

Ist das Gewissen von *sozialen Umständen* bedingt? Auf diese Möglichkeit verweist uns nicht nur die Reaktion in den jugendlichen Dieben, sondern auch das Verhalten des Bauern. Er sieht das, was der Knechtssohn begangen, als belanglos an und hält sich darüber nicht weiter auf. Die gleiche Missetat des Pfarrersohnes aber ärgert ihn dermaßen, daß er beim Vater Einspruch erhebt. Also reagiert das Gewissen eines vollausgewachsenen Menschen bei gleichem ›objektivem Tatbestand‹ das eine Mal so, das andere Mal anders. Der Landwirt mußte sich doch gewiß sagen, der Pfarrer werde seinen Buben zum mindesten zur Rede stellen und tadeln. Damit dies geschehe, rief der Bauer ja den Vater an. Warum denn setzt er nicht auch den Knecht, dessen Sohn das gleiche Delikt wie der Pfarrersbub begangen, davon in Kenntnis? Sagt ihm, dem Bauern, sein Gewissen nicht, er begehe eine Ungerechtigkeit, wenn er zum einen Male eine Bestrafung des Delinquenten verlange, zum andern Male aber fünfe gerade sein lasse?

Wir stellen nur fest, daß die Funktion des Gewissens offenbar keine so sehr einfache Sache ist.

Dies fällt uns dann erst recht auf, wenn wir von Weltreisenden vernehmen, daß an verschiedenen, aber räumlich sehr nahe beieinander liegenden Orten ganz unterschiedliche Rechtsauffassungen herrschen. So ist aus China allgemein bekannt, wie sehr man die Ahnen und die Alten verehrt, mit ihnen geradezu einen Kult betreibt. Ein anderes mongolisches Volk, die Einwohner von Kamtschatka, tötet die Greise. Es ist dies so Brauch von uralters her und verursacht den Mördern keinerlei Gewissensbisse. Die afrikanischen Stämme der Mundang, Schilluk, Dakka, Baja und Bum töten ihre Könige nach einer bestimmten Regierungszeit; das Amt des Mörders übernimmt der Oberpriester, der Mutterbruder, der Schmied oder der eigene Sohn. Sie vollziehen ihre Tat ohne Gewissensbisse. In der Nähe der Gegenden, wo die erwähnten Völkerschaften hausen, leben andere, die ihre Könige fast wie Götter verehren und den Königsmord für eines der schwersten Verbrechen halten[1].

Auf Formosa galt, ehe die Insel von den Japanern erobert wurde, ein Angehöriger der Bergstämme erst dann als Mann, wurde erst dann als heiratsfähig befunden, wenn er erfolgreich als Kopfjäger heimkam und einen Krieger eines benachbarten Dorfes umgebracht hatte. Das Gewissen des heranwachsenden Bergformosaners erhob keinen Einspruch, wenn er einen Mann aus der Umgegend tötete, im Gegenteil, es verlangte die Tat von ihm[2].

Malinowski[3] berichtet, daß auf den Trobriand-Inseln Stämme dicht beieinander wohnen, die in bezug auf die Sexualmoral sich gänzlich gegenteilig verhalten. Die einen lassen größte Freiheit walten, schon bei den Kindern; die anderen sind ebenso strenger Auffassung wie die Europäer, wobei zu bemerken ist, daß die Südseeinsulaner ihre Anschauungen nirgends erlernt haben; diese waren immer so, wie sie sind. Allgemein bekannt dürfte sein, daß gewisse innerasiatische

[1] M. Zeller, *Die Knabenweihen*. Bern 1923.
[2] McGovern, *Formosa*. Stuttgart 1929.
[3] *Das Geschlechtsleben der Wilden*. Zürich, London und New York 1927.

Stämme ihre Gastfreundschaft so weit treiben, daß sie europäischen Reisenden Frauen und Töchter aufs Nachtlager beordern, und daß also auch dort moralische Bräuche bestehen, die uns ebenso verwerflich wie komisch erscheinen und die uns unser Gewissen verbieten würde.

Ist Gewissenbildung vielleicht *sozial bedingt* und durch das *Milieu* bestimmt?

Diese Einsicht müßte aber die allgemeingültige Ansicht, daß das Gewissen von einer transzendenten Macht sozusagen ›fix und fertig‹ in den Menschen hineingelegt sei und einheitlich reagiere, erschüttern.

Wenn wir einen Säugling aus irgendeiner Gegend der Welt betrachten, entdecken wir an ihm noch keinerlei Regungen, die auf das Bestehen eines Gewissens in ihm rückschließen ließen. Das Kleinkind ist während seiner ersten Lebenszeit noch völlig amoralisch.

Es will dies nicht bedeuten, daß die *Anlage*, ein Gewissen bilden zu können, geleugnet werden sollte. Sie ist normalerweise vorhanden, in die Wiege gegeben, genau wie alle andern Anlagen auch. Dem Menschen, wie jedem Lebewesen und wahrscheinlich der Materie überhaupt, eignet ja ein *›normatives Gesetz‹*: ihm entsprechen die Kristallisierungsformen, der Kreislauf der Gestirne, die Anpassungstendenz alles Lebendigen an seine Umgebung, die Selbstheilung der Wunden und so weiter, und Häberlin[4] hat es in bezug auf das Seelisch-Geistige im Menschen entdeckt.

Zwar: es gibt ab und zu Kinder, welche *keine Gewissensanlage* zu haben scheinen. So ist es bei gewissen Kategorien der *Oligophrenen* (Minderbegabten, Blödsinnigen). Ich denke besonders an bestimmte Sorten unruhiger Idioten, aber auch an die *triebhaft-narzißtischen Typen*[5], die sich meist zu Gaunern und Hochstaplern entwickeln und deren mir während meiner Laufbahn als Erzieher etliche zugeführt worden sind von Eltern, welche hofften, ich könne ihre seelisch invaliden Sprößlinge kurieren. Es gelang dies bei den entsprechend veranlagten Kindern nicht, man scheiterte bei ihrer Behandlung regelmäßig an ihrer Unfähigkeit, einen Teil ihres Narzißmus in ›Übertragungslibido‹ (= Liebe zum Du) umzuwandeln.

Es erhebt sich die Frage, ob, um ein Gewissen aufrichten zu können, das Kind nicht vor allem der *Liebesfähigkeit* bedürfe. Es scheint, daß, wer sie nicht hat, nicht erziehbar sei, nicht imstande, für den

[4] *Der Geist und die Triebe*. Basel 1924.

[5] Narzißmus = In sich selbst verliebt sein, wie es bei der griechischen Sagengestalt Narkissos der Fall war. Siehe auch: Zeitschrift für psychoanalytische Pädagogik, Sonderheft *Über Hochstapler und Verwahrloste* mit Beiträgen verschiedener Autoren. Heft 3, Wien 1935.

Mitmenschen Verantwortung zu empfinden und Gewissensregungen zu verspüren. Er ist ›gewissenlos‹, und mit den Mitteln der gewöhnlichen Psychotherapie vermag man ihm nicht zu helfen. Er ist grundsätzlich nicht gemeinschaftsfähig. Ob ein Kleinkind zur Liebe fähig sei oder nicht, darüber täuschen sich die Erwachsenen leicht. Es besteht nämlich ein Unterschied zwischen *Liebesfähigkeit* und *Hunger nach Liebesbezeugungen*. Wir treffen sehr liebeshungrige Kinder, welche nicht liebesfähig sind. Ihre Anhänglichkeit ist von der wirklichen Liebe fast nicht unterscheidbar – doch dient sie ausschließlich dem Zwecke, vom Partner irgendwelche Liebesbezeugungen zu erwirken. Der Maßstab dafür, ob ein Kind wahrhaft zu lieben vermöge, ist in seinem *Verzichtenkönnen* gegeben. Wenn es die Liebesbeweise seiner Eltern usw. damit erkauft, daß es einen *Triebverzicht* leistet, alsdann ›liebt‹ es. Wenn es aber unersättlich liebebegierig ist, ohne etwas für Liebesbeweise hergeben zu wollen oder zu können, dann ist es ein Egoist und Narzißt; seine Gewissensentwicklung dürfte in Frage stehen.

Für die Gewissensbildung scheint demnach außerordentlich wichtig zu sein, ein Kind frühzeitig so zu erziehen (wenngleich in Milde und ohne es zu überfordern!), daß es die zugewendete Liebe durch entsprechendes Verhalten gleichsam »verdiene«. Die Gewöhnung an Triebverzichte muß schon beim Säugling anfangen; er hat sich z. B. damit abzufinden, daß er nur nach den von der Mutter bestimmten Zeitabschnitten an die Brust genommen und genährt wird. Er möchte eigentlich jedesmal, wenn er erwacht, *sofort* an die Brust genommen werden, um dann, gesättigt und vom Saugen ermüdet, wieder einzuschlummern. Für seine seelische Entwicklung ist aber von größter Wichtigkeit, daß er *warten* und auf die Mutter Rücksicht zu nehmen gelehrt wird. Es müßte den Verdacht auf Abnormität erwecken, falls er dazu nicht imstande ist.

Vielleicht ist die Frage der Entfaltung der kindlichen Gewissensanlage vollständig ein *Erziehungsproblem*, und beim triebhaft-narzißtisch gebliebenen Menschen ist frühzeitig ein sicher nicht beabsichtigter, deswegen aber nicht weniger verhängnisvoller *Erziehungsfehler* begangen worden.

Auf diesen Gedanken bin ich gekommen, weil es gelungen ist, narzißtisch-triebhafte Charaktere, also Gewissenlose, zu heilen. Dies geschah allerdings nicht bei Kindern, sondern bei Erwachsenen, und nicht mit den Mitteln der Psychotherapie und ähnlicher Prozesse, sondern durch die Versetzung in ein Milieu, wo die *Existenz* der Betreffenden dauernd bedroht war.

Die entsprechenden Experimente wurden durch die Engländer vorgenommen. Als sie die Verbrecher aus ihren Großstädten sammelten und in unwirtlichen Gegenden Australiens an Land setzten, dachten sie zwar nicht daran, Gewissen zu erziehen. Sie wollten nur den ›Abschaum‹ der menschlichen Gesellschaft auf billige Weise loswerden. Im neuen Land, das damals noch ganz unkultiviert war, sahen sich die ausgesetzten ›unverbesserlichen‹ Verbrecher einer ganz anderen Situation gegenübergesetzt als in ihrer einstigen Heimat. Ringsum lauerte Gefahr, Todesgefahr. Wilde Tiere, feindschaftlich gesinnte kannibalische Ureinwohner, klimatische Verhältnisse, der Mangel an Werkzeugen und Waffen, eines Daches über dem Haupte, das Sicherheit geboten hätte usw.: die ganze neue Umwelt bedrohte das Dasein, auch das gegenseitige Mißtrauen, die bisher ungebremsten Affekte, die Brutalität.

Was lag unter solchen Umständen näher, als sich zu vergesellschaften, um gemeinsam den lebenbedrohenden Mächten Widerstand zu leisten? Wer nicht mittat, kam um.

Das *›Leben‹* zwang die einstigen Verbrecher, Gemeinschaften und Gemeinschaftsordnungen zu bilden, das Vorhandensein Gleich-Kämpfender als Helfer hochschätzen zu lernen, sie zu lieben und, entsprechend, sich in sie und ihre Bedürfnisse einzufühlen, Rücksicht auf sie zu nehmen, ihnen gegenüber ein ›Gewissen‹ zu entwickeln. Und allmählich, der Not gehorchend und nicht den eigenen brutal-primitiven Wunsch- und Triebansprüchen, ward aus dem ›Abschaum‹ eine Gesellschaft, die arbeitete, blühende Städte baute, Handel trieb und sich das Ansehen der Kulturvölker erwarb.

Das *›Milieu‹* und dessen Notwendigkeiten hatten zustande gebracht, was dem Strafgesetz und der Erziehung in den Zuchthäusern nicht gelungen: die Besserung der Delinquenten, ihre Einreihung in den Arbeitsprozeß und in die ›Gesellschaft‹, letzten Endes ihre Gewissens-Differenzierung.

Denn: ›Gewissen‹ heißt doch *›dessen gewiß-sein‹*, was unumstößliches Lebensgesetz ist.

Wir brauchen jedoch nicht nach England und Australien zu gehen, um einsehen zu lernen, inwiefern der Milieufaktor an der Gewissensbildung mitbeteiligt sein dürfte.

Was taten denn einst unsere Großväter, wenn sie ein räudiges Schaf unter ihren Söhnen hatten und alle Versuche scheiterten, es zu bessern? Sie verpackten es auf ein Schiff und sandten es nach Amerika. Wie sich der von Europa Ausgestoßene jenseits des Weltmeeres durchschlug, darum kümmerte sich niemand als er selbst. Manch einer ist untergegangen. Die Mehrzahl aber setzte sich durch, brachte es zu etwas, erwarb sich sogar nicht selten die Achtung ihrer in Europa verbliebenen Angehörigen und wurde zur sagenhaften Gestalt des ›reichen Onkels‹.

In ihnen hatte sich ein ähnlicher Prozeß abgewickelt wie in den englischen Verbrechern in Australien. Sie hatten das Steuer ihrer bisherigen Lebenshaltung herumgeworfen, gearbeitet, sich verkameradschaftet und vergemeinschaftet, sie hatten sich eigene Gesetze gemacht oder sich in diejenigen ihrer Gemeinschaft eingefügt – sie hatten im Rahmen ihrer Gesellschaft allerhand Satzungen, Bräuche usw. und ein persönliches Gewissen entwickelt.

Medard Boß[6] hat uns einst von einer Schizophrenen berichtet, die er mit Hilfe einer sehr verständigen Krankenschwester dadurch heilte, indem er sie so erzog, als wäre sie noch ein Säugling. Es wurde der Kranken Milch in einem Saugfläschchen angeboten; man mußte ihr den Gummizapfen an den Mund halten; später brauchte man die Flasche nur noch in die Nähe zu stellen, die Patientin faßte sie dann selber und trank sie aus. Noch später nahm man die Frau in die Küche, ließ sie die Milch selber zubereiten und auch Breie essen, dann andere Speisen kochen. Kurz und gut: man fing mit der Patientin das Leben gleichsam ›von vorne‹ an, die Anforderungen allmählich steigernd, und man hatte einen vollen Erfolg zu verzeichnen. Denn zuletzt paßte sich die Kranke ins Leben ein, konnte als Köchin beschäftigt werden.

Etwas Ähnliches müßte man wohl mit jenen nicht oligophrenen Kindern oder Erwachsenen tun, die kein Gewissen zu haben scheinen. Vermutlich fehlt ihnen die Anlage dazu nicht; sie ist nur einst, im entscheidenden Momente, nicht durch eine entsprechende pädagogische Beeinflussung zum Wachsen, zur Entfaltung gebracht worden und blieb Rudiment.

Entscheidend ist also – wahrscheinlich – *die Erziehung zur Liebesfähigkeit.* Wenn ein Kind einen Erwachsenen liebt, dann liebt es ihn nicht nur als eine ihm nahestehende Person, sondern als Beispiel, und in *allen* seinen Äußerungen. Es liebt unter anderem auch seine *moralischen* Forderungen und ist bestrebt, sie nachzuahmen.

Freud hat dargelegt, daß die einfachste Form von Liebe die *Identifikation* sei. Es gibt keine Liebe ohne Identifikation. Dies läßt sich besonders leicht an Kindern feststellen. Sie machen es gleich dem Wachtmeister in Schillers *Wallenstein*, von dem es heißt:

[6] Mitteilung anläßlich einer Sitzung der Schweizerischen Gesellschaft für Psychoanalyse.

»Wie er sich räuspert, wie er spuckt,
Hat er ihm trefflich abgeguckt!«

Der dreijährige Beat zieht des Vaters Bergschuhe an und erklettert den Sandhaufen, obwohl er in den schweren Dingern fast nicht gehen kann. Aber er ist hochbeglückt und hält sich für den Vater.

Der zehnjährige Ludwig hat einen schlimmen Tic: jeden Augenblick räuspert er sich, und dann spuckt er auf den Boden aus. Man denkt an ein tiefeingefressenes nervöses Übel und bringt ihn zur fachmännischen Untersuchung. Anläßlich der zweiten Zusammenkunft begleitet ihn seine Mutter. Sie ist eine starke Raucherin und – räuspert sich beständig. Der Bub, mit dem Erziehungsberater allein gelassen, wird gefragt: »Wem hustest du eigentlich nach?« und der Berater hüstelt genau wie der Knabe und wie dessen Mutter. Ludwig grinst verschmitzt. »Der Mutter!« Der Berater spuckt auf den Boden. »Aber die Mutter tut doch das nicht!« bemerkt er nachher. Darauf der Bub: »Aber ich – ich kann's eben noch viel besser als die Mutter. Und mein Onkel, der Bauer ist und viele Kühe hat, der spuckt auch immer auf den Boden aus!« Der Berater, der merkt, daß Ludwig zu ihm schon in einer günstigen ›Übertragung‹ (= Kontaktverhältnis, innige Freundschaftsbeziehung) steht, die sich bereits während der allerersten Zusammenkunft einstellte, zeigt dem Knaben Bilder, die mit Farbstiften gemalt worden sind. »Du könntest auch solche herstellen, so gut wie ich!« bedeutet er Ludwig. »Du könntest sie mir später zeigen!« Der Bub ist begeistert, bringt das nächstemal solche Bilder und ein Brieflein von der Mutter, der Tic sei verschwunden. »Die Bilder sind so hübsch«, lobt der Berater, »daß du eine Belohnung haben mußt. Du darfst mit mir und mit meiner Tochter in eine Konditorei kommen!« Ludwig jauchzt. Der Berater hebt den Finger und sagt leise und neckisch lächelnd:

»Nur – weißt du – wenn man mit einer Dame in eine Konditorei geht, muß man gute Manieren zeigen!« Der Bub lacht laut: »Ich weiß schon, was Sie meinen!« macht eine Andeutung von Räuspern und Spucken, und er fügt bei: »Es wird nichts passieren!« Und die ›Blitz-Heilung‹ war beendet und hielt stand. Der Tic war auf dem Wege der Identifikation mit der Mutter und dem Onkel zustande gekommen, und er verschwand in dem Augenblicke, da dem Knaben

erstens, *bewußt wurde*, wen er nachahmte, und als ihm

zweitens, Gelegenheit gegeben wurde, *sich mit anderen Objekten zu identifizieren*, die ihm noch mehr imponierten als Onkel und Mutter. (Damit will nicht etwa gesagt sein, daß sich Tics bei Kindern immer auf solch leichte Art heilen lassen, und daß sie nicht meistens Symptome schwerer nervöser Erkrankungen seien.)

Ich nahm einst einen sehr verwöhnten Elfjährigen in mein Haus auf, der aus einem vaterlosen Haushalt stammte und Mutter, Tanten, Schwestern und das ganze weibliche Gesinde arg tyrannisiert hatte. Zuerst spottete er über die einfachen dörflichen Verhältnisse und verglich sie beständig mit jenen der Großstadt, aus der er stammte. Dann aber freundete er sich mit mir an. Jedoch immer noch mußte er ein Stück Zucker mehr als alle anderen in seinen Tee haben, ein Stück Speck mehr zu den Bohnen, eine halbe Bratwurst mehr zum Kartoffelsalat, und er zählte genau nach, ob er zum Nachtisch eine Frucht mehr oder einen Kuchen mehr erhalte, selbst wenn er fast den Hals darüber heraufziehen mußte. Eines Tages kam er an meiner Seite von der Schule zurück, als eine Kavalkade mit sehr schönen Pferden an uns vorbeitrabte.

»Möchtest du nicht auch so ein Roß haben?« erkundigte er sich.

»Doch – aber ich hab eben keines!«

Er blickte mich von der Seite fragend an. Da kam ein prächtiger Kabriolettwagen vorüber.

»Warum kaufst du dir denn kein Auto?« wollte er wissen.

»Weil ich zuwenig Geld habe!«

»Aber du möchtest gern eines?«

»Ei, gewiß doch!«

Wieder traf mich ein schräger Blick. Dann fragte er mit veränderter, teilnehmender Stimme: »Du bist sehr unglücklich, gelt, daß du dir kein Auto leisten kannst!«

Ich lachte. »Unglücklich? Sehe ich denn so aus? – Nein, ich hab' Füße und kann laufen!«

»Macht es dir denn gar nichts aus?« insistierte er.

Ich darauf: »Nein, wirklich gar nichts! Siehst du, es ist einem wohler, wenn man nicht alles gleich hat, was man wünscht!«

»Wirklich?« fragte er und wiegte bedächtig seinen klugen Kopf.

Und dann fiel uns auf, daß er plötzlich beim Tee mit zwei Zuckerstücken, statt vier, auskommen wollte und bei anderen Speisen, die er besonders liebte, ähnliche Versagungen leistete. Wir hatten schon Kummer, er könnte an Gewicht verlieren, wir nötigten ihn, zuzugreifen, und einmal stellte ich ihn direkt zur Rede, was für eine neue ›Mode‹ er da angefangen habe.

»Wenn du, Pap, kein Roß brauchst und kein Auto«, gab er Bescheid, »dann macht es mir auch nichts aus, auf ein Stück Zucker oder zwei zu verzichten, und so weiter. Und wenn ich einst erwachsen bin, dann werde ich Bankier oder Arzt. Da kann ich die Leute schinden und verdiene dabei einen Haufen Geld, und dann schenk ich dir einen

Wagen!« – Er ist dann wirklich Arzt geworden, aber er hat von dem Orte aus, wo er tätig ist, nicht die Macht und Möglichkeit, mir ein Auto zu schenken. Ich würde mich jedoch nicht wundern, wenn er, falls die politischen Verhältnisse in seinem Lande sich ändern sollten, es täte. Die Beispiele zeigen deutlich, wie Kinder auf dem Wege der Liebe und Identifikation allerhand Erscheinungen nachahmen, die sich unter Umständen im Charakter festwurzeln, und daß ein Kind, das liebt und sich identifiziert, nicht nur ›anhänglich‹ ist, sondern sein Liebes- und Identifikationsobjekt auch in dessen Eigenschaften in sich aufnimmt.

Diesen psychischen Mechanismus – in bezug auf die Gewissensbildung – konnte ich einmal bei einem zweijährigen Mädchen augenfällig beobachten.

Es stand vor einem Spalierbaum an der Hauswand, woran halbreife Kirschen hingen. Das eine Händchen streckte es begehrlich nach vorn. Mit dem anderen schlug es sich darauf und knurrte: »Böses Händchen, schlimmes Händchen, mußt Schläge haben!« Schließlich ging die Kleine weg, ohne Früchte abgerissen zu haben. Ich erzählte meine Beobachtung der Mutter des Mägdleins. Sie lächelte. »Ich habe Erika, die immer Kirschen abriß, als sie noch ganz grün waren, mit den gleichen Worten auf die Händchen geschlagen!« sagte sie.

Betrachten wir nun die kleine Szene vor dem Spalierbaum nochmals. In Erika kämpft eine Triebregung mit einer Gewissensregung, die zweifelsohne auf dem Wege der Identifikation mit der Mutter erworben worden ist.

Das ›schlimme, böse‹ Händchen repräsentiert den kindlichen Triebwunsch, das schlagende den Gewissensanspruch. Dieser ist gleichsam die zum eigenen inneren Besitz gemachte Mutter, der schließlich gehorcht wird.

Einst hatte ich als Großvater Gelegenheit, einem ähnlichen Spiele einer meiner Enkelinnen zuzusehen. Therese, so heißt sie, war damals drei Jahre alt, und sie war zusammen mit der Mutter auf Besuch gekommen. Diese hatte dem Kinde verboten, im Obstgarten Birnchen abzureißen und zu essen. »Weißt du, Theres«, suchte sie ihr plausibel zu machen, »würdest du von diesen grünen Birnen essen, dann bekämest du schrecklich Bauchweh – das möchtest du doch nicht! Einst, wenn die Birnen reif und schön gelb geworden sind, wirst du davon nehmen dürfen!«

Therese hörte zu wie ein Lamm. Was Leibschmerzen waren, konnte sie aus Erfahrung wissen.

Eines Tages nun, ich hatte der Hitze wegen die Fensterladen geschlossen, sah ich Therese im Garten erscheinen. Sie stellte sich vor den Birnbaum, und im Glauben, es beobachte sie niemand, führte sie folgendes dialogische Selbstgespräch, indem sie die Hände krampfhaft auf dem Rücken verschränkte:

»Nimm nur, nimm nur, die Birnen sind doch gut!«

»Nein, sie sind noch nicht gut! Wenn sie gut sind, sind sie gelb. Sie sind aber noch ganz grün!«

»Ich sehe da eine, die ist schon weniger grün. Wenn du nicht so genau hinschaust, ist sie fast gelb!«

»Und ich sage, sie ist grün, fertig, und du darfst sie nicht nehmen, Mutti würde schimpfen!«

»Äh, Mutti ist ja gar nicht da, und der Vater ist nicht da, und die Großmutter und der Großvater sind nicht da. Auch die Tante ist nicht da. Es wird niemand etwas merken, wenn du eine Birne nimmst, es hat ja soo viele!«

»Wenn du eine Birne issest, kriegst du Bauchweh, du Dummes!«

»Aber ich *will* ja Bauchweh!« heulte Theres plötzlich auf, nahm eine Birne, verschwand damit in den von hohen Johannisbeersträuchern eingesäumten Gartenweg und verschlang sie gierig.

Ich schrieb mir das Gespräch sofort auf und trat dann, als ich merkte, Therese sei mit ihrem Schmause fertig geworden, wie zufällig in den Garten.

Die Kleine kam hergelaufen und klammerte sich an mich. »Willst du etwa gern einen Kuß haben?«

Ich beugte mich zu ihr hinunter. Dann fragte die Kleine: »Du – wenn ein böses Mädchen eine einzige Birne nähme und äße – – nein! wenn ein böses Mädchen viele Birnen abrisse und äße, dann bekäme es sicher Bauchweh, gelt!«

Ich bestätigte.

»Wenn es zehn oder hundert grüne Birnen äße«, setzte Therese fort, »gelt, dann bekäme es ganz schrecklich Bauchweh!«

Ich nickte: »Schrecklich Bauchweh!«

»Und wenn es nur drei Birnen äße (Therese konnte bis drei zählen), dann bekäme es weniger Bauchweh, wie?«

»Sicher, es bekäme viel weniger Bauchweh!«

»Und wenn es nur zwei Birnen äße, bekäme es fast gar kein Bauchweh, nur so ein klein wenig, gelt!«

»So ist es!«

»Und wenn es nur ein einziges winziges Birnlein äße, das wäre fast, wie wenn es keines gegessen hätte – nicht?« forschte die Kleine weiter.

Ich schwieg.

»Dann bekommt es überhaupt kein Bauchweh!« schloß Therese mit resoluter Stimme.

»Nein, dann tut es ihm nichts!« gab ich zur Antwort. »Aber es soll keine Birnen essen, weil es die Mutter verboten hat!«

»Aber wenn es doch Mutti nicht und niemand sah, daß es eine Birne nahm?«

»Trotzdem, Theresli – man gehorcht doch der Mutter, weil man sie gern hat!«

Die Kleine schwieg eine Weile betroffen. Dann rührte sie sich wieder, verzog das Mäulchen und lachte: »Du bist ein Dummer! Wenn man eine Birne genommen hat, hat man die Mutter gleichwohl gern!«

An dieses Argument der kleinen Weisen hatte ich nicht gedacht und war von ihr geschlagen. Dann aber sagte ich: »Weißt du, Theresli, wenn das kleine schlimme Mädchen, das Birnen aß und nicht sollte, größer geworden ist, wird es seine Mutter so sehr liebhaben, daß es ihr auch dann gehorcht, wenn sie nicht da ist!«

Therese schwieg. Aber sie hatte andächtig gelauscht. Wahrscheinlich konnte sie noch nicht fassen, was ich ihr mitteilte. Jedoch ich dachte, sie werde es zu einem späteren Zeitpunkte fassen können, und dann sei es immer noch zeitig genug. Wir singen ja als kleine Kinder auch Psalmen mit, von deren Worten wir nichts verstehen. Dennoch erfaßt uns etwas daran, und später, wenn das Verständnis wach wird, verstärkt es das schon längst vorhandene Gefühl der Andacht.

Warum ich sagte, von einem einzigen Birnchen bekomme das böse kleine Mädchen nicht Leibschmerzen, so könnte man fragen. Ob dies der Gewissensreaktion nicht Abbruch getan habe.

Obwohl kein Wort darüber fiel, daß mit dem bösen kleinen Mädchen Therese gemeint sei, wußten wir beide wohl, es sei dem so. Denn sonst hätte die Kleine ja das Gespräch gar nicht angefangen. Ihr Gewissen hatte sich gerührt. Therese fürchtete die Strafe.

Hätte ich nun mit großväterlicher Autorität und gleichsam dem Buchstaben des Gesetzes folgend behauptet, schon ein einziges Birnchen verursache Leibschmerzen, dann würde die Suggestion ohne Zweifel gewirkt haben. Es wären eine schlimme Nacht, Aufregung für die Mutter und ein unausgeschlafener nächster Tag zu erwarten gewesen. Dies wollte ich vermeiden.

Ich hatte ja der Erklärung der Mutter nicht widersprochen; von zwei, drei und mehr Birnen bekomme man Leibschmerzen, so war unter uns festgenagelt worden. Ich begehrte, die Ansicht, einmal sei keinmal, nicht rigoros vor der knapp Dreijährigen als Unmoral darzustellen, und meine, zu solcher Strenge und Pedanterie, die man beschönigend ›Konsequenz‹ nennen kann, sei später noch Zeit, falls sie sich als nötig erweisen sollte.

Für uns ist das Zwiegespräch, das die Kleine mit sich selber führt, interessant. Es gibt den beiden Stimmen in Therese Ausdruck, der des Gewissens und der der Triebe. Das Mädchen spricht, als wäre es zwei Personen, die miteinander disputierten. So, als wäre die eine ein Kind, das einem Gelüste folgen möchte, und die andere eine Mutter, die das Kind abhalten will, etwas Verbotenes zu unternehmen. Die Gewissensstimme ist die Stimme der Mutter, die Therese in sich selber sprechen hört und, tatsächlich, durch ihren Mund sprechen läßt. Es geschieht dies in der gleichen Art, wie kleine Mädchen ihre Puppen mit sich sprechen lassen, indem die ›Spielenden‹ selber aussagen, was die Puppe laut ihrer Erwartung und Phantasie reden würde. In gleicher Weise spricht Therese das aus, wovon sie denkt, die Mutter würde es in der gegebenen Situation zu ihrem Töchterchen sagen. Wir nehmen also an einer Auseinandersetzung des kindlichen Gewissens teil, die nach begangenem ›Delikt‹ eine Fortsetzung findet im Gespräch mit dem Großvater.

Der Kuß und die Liebkosung, mit denen er im Garten empfangen wird, gelten eigentlich nicht ihm, vielmehr der Versöhnung mit dem schlechten Gewissen. Der Großvater ist für die Auffassung des Mädchens als Autorität die Personifikation des inneren Richters.

Obwohl Therese nichts darüber aussagt, *sie* habe sich gegen ein Gebot vergangen, verrät sie, indem sie das Thema aufgreift und außerdem von einem »kleinen Mädchen« spricht, was sie begangen hat. Es ist ihr schlechtes Gewissen, was sie zum unbeabsichtigten und unbewußten *Selbstverrate* zwingt. Er entspricht dem *Geständniszwang*, der auch in den erwachsenen Delinquenten regelmäßig vorhanden ist, insofern sie nicht gänzlich ›gewissenlos‹ sind, und von dem besonders die Fahndungspolizei und die Juristen unglaubliche Dinge zu erzählen wissen. Allgemein bekannt dürfte sein, daß Verbrecher von dem eigentümlichen Drange getrieben werden, den Schauplatz ihrer Untat wieder aufzusuchen. Sehr intelligente und gewitzte Kriminelle führen ihre Delikte meist nach einem zuvor bis ins kleinste Detail ausgeklügelten Plan aus, trotzdem begehen sie einen scheinbar nebensächlichen Fehler in der Art der ›Fehlhandlungen‹, der später die Untersuchungsorgane auf ihre Spur führt. So las ich vor nicht langer Zeit über einen Mord, der an einem Manne begangen wurde. Man fand die Leiche erst nach Wochen, der Täter hatte sie begraben und nicht verfehlt, all das zu entfernen, was sich zur Identifizierung hätte verwenden lassen. Der Tote lag an einem ganz abgelegenen Orte, das Gesicht war zur Unkenntlichkeit zerschlagen, die Zähne teilweise ausgebrochen. An den Kleidern waren die Firmenzeichen herausgeschnitten, die Taschen waren geleert. Aber auf dem verwüsteten Gesicht lag ein Nastuch mit Initialen, das der Polizei auf die Spur half. Es ging nicht lange, bis der Mörder entdeckt und gefangengenommen wurde. Er erklärte, er habe das Angesicht des Toten nicht ansehen können und darum sein Nastuch auf das Gesicht gelegt und dort »vergessen«. Er habe auch nicht daran gedacht, daß auf dem Tüchlein die Anfangsbuchstaben seines Namens standen[7]. Einzig dieser Umstand hatte bewirkt, daß man den Täter eruieren konnte – sonst war der Mordplan dermaßen ausgetüftelt gewesen, daß man den Verbrecher nicht hätte finden können.

Daß der Selbstverrat als Wirkung eines unbewußten Geständniszwanges in uns wirkt, wußten die Dichter längst, ehe die Wissenschaft das Unbewußte im Menschen als hintergründige moralische Instanz erkannt und Freud den Satz postuliert hatte, daß wir zugleich viel schlechter seien, als wir gern wahrhaben wollen, aber auch viel besser, als wir abzuschätzen imstande sind.

So hat einst der Franzose Claude Farrère einen Roman *L'Homme qui assassina* verfaßt, der viel beachtet und übersetzt worden ist.

Der Held, ein Mitglied der französischen Botschaft, ist in Istanbul stationiert. Er lernt eine Dame kennen, die sich vollkommen in den Händen eines brutalen Unholdes befindet und sich seiner nicht erwehren kann. Man kann ihn auch nicht auf gewöhnlichem gerichtlichen Wege belangen, denn er gehört einer anderen Gesandtschaft an. Der Held tötet ihn. Alles verläuft genau nach Programm, und die türkische Polizei entdeckt nicht das geringste Indiz, den Mörder zu finden. Da verbirgt sich der Polizeichef, ein Freund des Helden, in der Nähe des Tatortes, eines ehemaligen Friedhofs. In der Nacht erscheint plötzlich der Mann, der getötet hat; der Polizeichef tritt zu ihm und gibt ihm andeutungsweise zu verstehen, was er jetzt weiß. Er rät ihm, abzureisen. Im Grunde billigt er die Beseitigung des Unholds, aber als Beamter müßte er die gefundene Spur weiter verfolgen. Da der Diplomat abreist, kann dies nicht geschehen.

Die knappe Inhaltsangabe hat leider das Wichtigste nicht aufzeigen können: die subtilen psychologischen Ausführungen des Romanciers vom Walten einer unbewußten Gewissensmacht, die den Verbrecher zum Selbstverrate bringt, obgleich er bewußt alles daransetzt, seine Pläne und dann seine Tat zu verheimlichen.

[7] Zeitungsmeldungen.

Übrigens hat in Frankreich lange vor Farrère der Novellist Guy de Maupassant das Motiv vom Verbrecher, der unabwendbar zum Selbstverrat und zur Sühne gezwungen wird – und dies aus dem eigenen Seelischen heraus, während er äußerlich die Rolle als Ehrenmann weiterspielt und ihn kein Mensch verdächtigt –, in geradezu großartiger Weise in der Geschichte *La petite Roque* behandelt.

Selbstverrat und Selbstbestrafung als Auswirkungen eines *unbewußten Moralischen* können wir im alltäglichen Leben überall, besonders aber bei den Kindern sehr häufig beobachten, und der Satz Freuds: »Der Selbstverrat dringt den Menschen aus allen Poren!« besteht viel mehr zu Recht, als wir denken.

Indem wir uns bemühen, unserem Thema näherzukommen, sind wir auf eine Reihe von Fragen und Sachverhalten gestoßen, die uns das Gewissen und seine Bildung, auch seine Funktionen, recht rätselvoll erscheinen lassen. Deshalb wird es richtig sein, wenn wir einzelnen Zügen und Gedanken, wie sie sich uns aufgedrängt haben, nachgehen und sehen, ob sie sich bei eingehenderer Betrachtung besser klären. Wir gehen dabei von der Annahme aus, das Gewissen sei als *Anlage*, als ›*Keim*‹ jedem normalen Menschen in die Wiege gegeben.

Indessen: ist es *fix und fertig* vorhanden, oder *entfaltet* es sich allmählich?

Inwiefern spielt dabei die *Erziehung* eine Rolle?

Wie tragen die *Liebes- und Identifikationsfähigkeit* eines Kindes zu dessen Gewissensentwicklung bei? Ist eine Gewissensbildung und -entwicklung ohne Einwirken *milieumäßiger* und *sozialer* Faktoren möglich? Woher kommt die ›*Gewissens-Stimme*‹?

Täuschen wir uns, wenn wir behaupten, ein Teil des Gewissens werde seinem Träger *nicht bewußt? Wir wirkt der unbewußte Anteil* des Gewissens, und sind wir gezwungen, einzusehen, daß es zu *Fehlreaktionen* führen kann? *Welcher Art* sind diese?

Fürwahr: wir stehen vor einem ganzen Bündel von Problemen und wollen versuchen, sie soweit als möglich zu lösen.

2. Kapitel: Erziehungsfaktoren bei der Gewissensbildung

Über den sozialen und milieumäßigen Bezug des Gewissens und seiner Entwicklung möchte ich mich vorläufig nicht weiter verbreiten. Mir scheint, das Material, welches ich vorlegte – die Geschichte vom Knechts- und Pfarrersohn, die Belege aus der Völkerkunde und die beiden Berichte über Gewissensregungen bei einem zwei- und dreijährigen Mädchen –, sei überzeugend.

Wir finden zahlreiche Faktoren, die zur Gewissensbildung beitragen; solche, die im Seelischen des Kindes liegen, und andere, die von außenher hinzukommen. Sie wirken im Zusammenspiel und zugleich. Wenn wir sie auseinanderhalten, geschieht dies zur mehr theoretischen Klärung. In der Praxis kann man sie kaum scheiden.

Richten wir unser Augenmerk, um irgendwo den heiklen Stoff anzufassen, auf die *Erziehung*.

Alle Erziehung ist dadurch gekennzeichnet, daß sie sich auf psychologische Vorgänge und Abläufe stützt, und daß sie Bezug nimmt auf das Heranbilden oder das Ausbilden der Gewissensinstanz im heranwachsenden Menschen.

Bereits die primitivste Art der Erziehung, die *Dressur*, ist nichts anderes als angewandte Psychologie. Lange bevor Pawlow seine einst aufsehenerregenden Untersuchungen durchgeführt hatte, kannten die Erzieher das Gesetz vom *›bedingten Reflex‹* auf psychischem Gebiete. Sie verwendeten die *Lustprämie* und die *Unlustzufügung* zu pädagogischen Zwecken. Seit Urzeiten wußte man, ein Kind passe sich den erzieherischen und moralischen Forderungen an, wenn man ihm entweder einen *Lohn*, also eine *Lust*, gewährte, oder wenn man es für Ungehorsam *bestrafte*, ihm also eine *Unlust* zufügte.

Um erwünschte Lust zu gewinnen oder um der Unlust der Strafe zu entgehen, fügte sich das Kind dem pädagogischen Gebot und *automatisierte* auf dem Wege des *Einübens* das entsprechende Verhalten.

Man ging genau in der gleichen Art vor, wie es die alten Bärentreiber mit ihren Tieren praktizierten. Der junge Bär wurde auf eine Eisenplatte gedrängt, die man von unten her erhitzte. Mit erhobener Peitsche, wenn es nötig war, mit Peitschenschlägen, wurde das Tier daran gehindert, seinen Standort zu verlassen. Die Hitze brannte es an die Pfoten. Deshalb erhob es sich auf die Hinterbeine, suchte auf dem kleinen Platz, worauf es sich bewegen durfte, eine Stelle, die kühler war, zu finden, und sein Tun imponierte als Tanzen. Ließ man den Bären schließlich von der Platte abspringen, reichte man ihm einen Leckerbissen zur Belohnung. Nach genügend wiederholter Prozedur fing der Bär an zu tanzen, wenn der Dompteur nur die Peitsche erhob und ihm den Leckerbissen zeigte. Es war nicht mehr nötig, die heiße Platte zu verwenden. Nach dem Prinzip des ›bedingten Reflexes‹ tanzte das Tier schon dann, wenn es das bestimmte Zeichen seines einstigen Peinigers erblickte; der ›Tanzbär‹ war fertig und konnte zur Belustigung von Zuschauern benutzt werden.

Grundsätzlich arbeitet jede Dressur so, auch die, welche bei Menschenkindern angewendet wird. Diese sind noch viel gelehriger als Tiere, weil ihr Seelisches plastischer und modulationsfähiger ist.

Um der Realangst vor der Strafe zu entgehen, bildet sich eine Art ganz einfachen Gewissens; es *warnt* seinen Träger, falls er in Versuchung steht, etwas Unerlaubtes zu begehen. »Wenn du nicht widerstehst«, so sagt es ihm, »mußt du diese oder jene Strafe erwarten und auf dich nehmen. Falls du jedoch so tust, wie es der Erzieher haben möchte, bist du des Lohnes gewiß. Man beschenkt dich, man anerkennt dich, man schätzt dich, man beweist dir Liebe!«

Das primitive Gewissen ist aus *Strafangst* und aus dem Wunsch nach *Liebesgewinn* aufgebaut.

Denken wir an die Reinlichkeitserziehung, welche der Erzieher an das Kleinkind richtet. Es fügt sich ihr, weil es der Mutter gefallen möchte; es begehrt durch seine Leistung zu bewirken, daß ihm die Mutter einen Liebesbeweis erbringt: es möchte, wenn nicht eine direkte Belohnung in Form einer Süßigkeit usw., so doch die zufriedene, rühmende, freundliche Stimme der Mutter hören, ihre gütige Miene sehen; und es will vermeiden, daß eine frostig-unzufriedene, verärgerte, tadelnde Stimme zu ihm spreche. Der Verzicht auf die urtümliche Lust am Nässen und Schmieren wird zunächst unter der Doppelbedingung geleistet, dafür Liebe einzutauschen und der Gefahr eines Liebesverlustes enthoben zu sein. Denn noch ist die Schranke des Abscheus und Ekels im Kinde nicht aufgerichtet, so daß es das Unreinsein aus innerer Notwendigkeit ablehnen könnte und darum sauber würde.

Wenn es dem Drange folgen möchte, unrein zu sein, wird es von seinem primitiven Gewissen gewarnt: »Hüte dich, sonst wird die Mutter unzufrieden und böse sein!« Das Böse-Sein wird als Strafe empfunden, als Liebesverlust.

Selbst das Kind, das den Forderungen der Mutter trotzt, entwickelt bei der Reinlichkeitsgewöhnung sein Gewissen. Es weiß genau, es sei ›böse‹, und was es tue, sei ›nicht recht‹. Aber es ist für das Trotzige lustvoller, ein Mittel gefunden zu haben, um einen erwachsenen Menschen zu tyrannisieren und damit einen Machtanspruch durchzusetzen. Der erzieherischen Forderung gehorcht es erst dann, wenn sich in ihm selber Abscheu und Ekel vor den Fäkalien regen.

Nach dem gleichen Prinzip wie bei der Reinlichkeitsgewöhnung eignet sich das Kind während seines Aufwachsens eine kaum überschaubare und aufzählbare Menge von moralischen Maßstäben an, verinnerlicht sie, empfindet sie schließlich als *eigenen Gewissensanspruch*. Alle möglichen erzieherischen Einflüsse arbeiten im Sinne der Ausgestaltung des Gewissens, bis sich der Heranwachsende all den Satzungen von Recht, Brauch, Sitte willentlich fügt aus innerer Nötigung. Er empfindet, sich mit seinen Mitmenschen identifizierend, Brüderlichkeit und Verantwortungsgefühl und schließlich die Verpflichtung auf die absoluten Ideale. Ganz zuletzt wird das Gewissen durch die Rück-Verbundenheit an das Höchste gesteuert, in der *›religio‹* verankert und fertig ausgebildet.

Freud hält das Gewissen für einen Erwerb aus der stammesgeschichtlichen Entwicklung und Vererbung. Dieser Auffassung ist auch Wundt. Der Ausdruck ›Gewissen‹, sagt er, weise auf ein ›Mit-Wissen‹ hin. Das Präfix *›Ge‹*(wissen) sei mit dem lateinischen *›con‹* – identisch. ›Gewissen‹ sei die Übersetzung des lateinischen *›conscientia‹*, und der Ausdruck sei in Abwandlungen in zahlreiche moderne Sprache übergegangen. Wundt versichert, daß die ›Stimme des Gewissens‹ einem mythologischen Gedanken entspreche. »Der Affekt und das Urteil«, sagt er, »die sich mit dem Bewußtsein der Motive und Tendenzen des Handelnden verbinden, gelten nicht als dessen psychische Akte, sondern als Vorgänge, die von einer fremden, auf sein Bewußtsein... Macht herrühren.« Das *Gewissen* »ist ein *Mit*wissen Gottes, der Götter«.

Wie ist der Mensch dazu gekommen, die Macht des Gewissens den Göttern zuzusprechen? Wundt findet die Ursache in einer Erscheinung, die man am Menschen häufig beobachten könne. Wie so oft bewege sich der Gedanke in einem Zirkel: zuerst verobjektiviere der Mensch seine eigenen Gefühle, und dann suche er aus den so entstandenen Objekten wiederum seine Gefühle zu erklären.

Bereits Wundt führte also die Entstehung des Gewissens auf Vorgänge innerhalb der menschlichen Seele zurück; es handle sich um Mechanismen, die »durchaus menschlich« seien und nicht von einer »rätselhaft einwirkenden« *fremden* Macht in die Seele hineingegeben werden. *Er hält das Gewissen für eine Anpassungsleistung.*

Wir würden dazu nur noch beifügen, es müsse im Kinde etwas vorhanden sein, das diese Anpassungsleistung ermögliche, und wir denken dabei an die Gewissens-Anlage. Wenn Freud auch diese für einen späteren Erwerb der Menschheit hält – einen »stammesgeschichtlich vererbten« –, gehen wir mit ihm nicht ganz einig und weisen erneut auf die ›normative Tendenz‹ hin, die aller Schöpfung immanent ist. Auf sie baut sich die Gewissensanlage auf; sie ist ein Teilstück davon, und die erzieherischen Einflüsse kommen ihr entgegen. Die Erziehung stützt sich darauf und könnte überhaupt nicht wirken, falls sie, die normative Tendenz, nicht von vornherein vorhanden wäre.

Wenn Wundt behauptet, die ›Stimme des Gewissens‹ sei nichts weiteres als eine ›mythologische‹ Phantasie, kann leicht nachgewiesen werden, daß sie zuerst, beim Kinde nämlich, die einer introjizierten (ins eigene Seelische aufgenommenen) Erzieherperson ist. Wir haben dies sehr deutlich bei den beiden kleinen Mädchen, die im ersten Kapitel erwähnt wurden, feststellen können, und ich möchte darauf hinweisen, daß auch bei älteren Kindern die Gewissensstimme einfach die des Vaters, der Mutter oder einer anderen Respektsperson ist.

Ich habe darüber während meiner vierzigjährigen Laufbahn als Lehrer häufig Erhebungen gemacht. Auf meine Veranlassung hin taten dies manchmal auch Kollegen. Wir ließen Aufsätze machen und schrieben einige zum Thema gehörende, das Gewissen betreffende Fragen an die Wandtafel. Eine davon lautete: ›Wessen Stimme ist die innere Stimme ähnlich – an wen erinnert sie mich?‹

Die Kinder hatten beim Religions- und Sittenunterricht schon oft genug versichern hören, die ›Gewissens-Stimme‹ sei ›Gottes‹ Stimme. Viele schrieben einfach das Erlernte hin. Insofern waren zahlreiche Antworten wertlos, weil sie sich schablonenhaft an Weisheiten hielten, die nur ›wiedergekäut‹ wurden, eine angelernte Auffassung wiedergaben. Es fanden sich aber regelmäßig eine Zahl Niederschriften, die aufschlußreich sind.

»Wenn ich etwas Schlechtes anstellen will«, äußert sich ein zehnjähriger Bauernbub, »dann höre ich die innere Stimme. Sonst höre ich sie nicht. Wenn ich denke, ich will Meertrauben (= Johannisbeeren), dann schweigt sie. Denn ich darf in die Meertrauben. Aber wenn ich denke, ›ich will eine Stange spitzen und in der Schnefelkammer[1] ein Zugmesser nehmen‹, dann höre ich die Stimme. Sie sagt: ›Nimm dich in acht!‹ Der Vater hat verboten, daß ich sein Werkzeug brauche. Ich

[1] Mundartlicher Ausdruck für jenen Raum im Bauernhause, worin mit allerhand Schreinerwerkzeug gearbeitet wird. »Schnefeln« = schnitzen.

mache ihm die Schneiden kaputt. Die Stimme, die sagt: ›Nimm dich in acht!‹ ist Vaters Stimme. Es ist so, als ob ich *Vaters Stimme* hörte. Sie klingt gleich wie seine. Und wenn er da wäre, würde er auch sagen: ›Nimm dich in acht!‹« (Robert J.)

Ein anderer Schüler, auch ein Zehnjähriger, ein uneheliches Kind, schreibt: »Die innere Stimme habe ich auch schon gehört. Einmal nahm ich ein Pärchen junge Kaninchen und wollte sie Ernst K. verkaufen. Als ich sie schon im Kratten (= körbchenartiges Gefäß, worein man gewöhnlich Früchte, etwa Kirschen, abliest) hatte, hörte ich die innere Stimme. Sie sagte nur zu mir: ›Hansi, was tust du?‹ Ich hatte schon daran gedacht, ich sollte zuerst die Mutter fragen. Aber sie hat schon vorher gesagt, wir wollen die jungen Kaninchen behalten, falls die Alte (solche) bekommt. Darum habe ich gedacht, ich frage lieber die Mutter nicht. Als aber die innere Stimme zu mir sagte: ›Hansi, was tust du?‹, da wußte ich, was ich will. Denn immer, wenn der Großvater so gesagt hat, war etwas nicht recht.« (Der Bub wurde eine Zeitlang von den Großeltern erzogen.) »Wenn ich etwas machen will, was nicht recht ist, und es nicht sicher weiß, dann höre ich immer *Großvaters Stimme.*« (Hans R.)

Eine Dreizehnjährige, die Gescheiteste ihrer Klasse, legte nieder: »Man sagt, die innere Stimme sei Gottes Stimme. Das haben wir schon in der Sonntagsschule vernommen, als wir noch ganz klein waren. Vielleicht ist es so, denn die innere Stimme gehört einem Mann. Er spricht fast so wie der Vater, aber ich fühle, es ist nicht Vaters Stimme. Denn ich höre die Stimme auch dann, wenn der Vater da ist, und er mit mir schimpft.

Ich hatte seinen irdenen Tabaktopf zerschlagen, und er schalt mich aus. Zu gleicher Zeit hörte ich die innere Stimme immer sagen: ›Hättest du ihn (den Topf) in Ruhe gelassen, ich habe dir ja gesagt, du lässest ihn fallen!‹ Das hatte mir die Stimme wirklich gesagt, aber ich wollte den Topf von der Ofenbank nehmen und ihn mir anschauen. Der Vater hatte ihn vom Grümpelschießet (= einem dörflichen Schützenfest mit Preisverteilung) heimgebracht. Vielleicht ist die innere Stimme doch die *Stimme Gottes*«. (Marianne L.)

Die jüngeren Kinder hören die Stimme noch unzweifelhaft als solche von nahen Angehörigen, während das dreizehnjährige Mädchen sie nicht mehr als die eines ihr bekannten Menschen erkennt. Sie tönt zwar so, wie die des Vaters, aber das Mädchen fühlt, es sei doch nicht Vaters Stimme, könne sie nicht sein, weil sie sich auch dann erhebt, wenn der Vater anwesend ist.

Es stehen mir Äußerungen und Aufsätze von noch älteren Kindern, von vierzehn- bis sechzehnjährigen, und ein Brief einer Achtzehnjährigen zur Verfügung, welche auf die Herkunft der Gewissensstimme hinweisen.

Ein fünfzehnjähriges Mädchen schrieb: »Wenn ich die innere Stimme höre, ist es so, *als wenn ich mich selber sprechen hörte.* Die Stimme ist die gleiche. Ich weiß schon, *daß Gott mit mir spricht,* und daß es eigentlich nicht meine eigene Stimme ist. Aber da Gott nicht reden kann wie ein Mensch, nur in Gedanken, *nimmt er meine Stimme, um mit mir zu reden.*« (Lotti B.)

Ein sechzehnjähriger Bub vertritt die Ansicht: »Die innere Stimme ist *nur so eine Annahme.* In Wirklichkeit ist nichts von einer Stimme da. Man weiß, was man tun muß, und was man gern tun wollte, oder nicht tun möchte oder sollte. Tut man etwas, das man nicht tun sollte, hat man das *Gefühl* dafür, man sollte es nicht tun. Und wenn man etwas tun sollte und es nicht tut, hat man das gleiche Gefühl dafür. Wenn der Vater Holz spaltet (= Brennholz herrichtet), und ich sitze drinnen und lese nur in einem Buch oder mache nichts, dann kommt das Gefühl. Ich sage mir, ich sollte dem Vater helfen und nicht nur faulenzen. Und wenn die Mutter am Mittag ein Stück Kuchen übrig hat und im Küchenschrank versorgt, und ich komme am Nachmittag und esse es, dann ist das Gefühl wieder da. Vielleicht hat die Mutter das Kuchenstück selber essen wollen, und vielleicht hätte sie es nötiger gehabt als ich. Man sagt dann, anstatt man habe das Gefühl gehabt, man hätte eine innere Stimme, die Stimme Gottes, gehört. Das ist so eine Redewendung.« (Hans B.)

Ein gleichaltriges Mädchen schrieb: »Die innere Stimme ist keine eigentliche Stimme, die man hört. Man könnte höchstens sagen, *man sage etwas zu sich selber.* In Wirklichkeit hat man ein *Gefühl* für das, wo (was) recht und wo unrecht ist. Mit ›Stimme‹ ist gar nicht eine Stimme gemeint, sondern eine Art *Abstimmung.* Wir können darüber abstimmen, was wir machen wollen, ob das Gute, oder das Schlechte. Aber ob etwas gut oder schlecht ist, das müssen wir selber wissen. Manchmal weiß man es gar nicht so sicher.« (Martha Sch.)

Ich frage die Schreiberin, wie sie das mit dem »gar nicht so sicher« meine. Sie ergänzte ihre Niederschrift: »Zum Beispiel, wenn man zu Hause ist, und es kommt ein armes Hausiererweibchen, ein Rüschegger-Fraueli[2]. Man hat nichts nötig, und es bittet nun höflich um ein

[2] In Rüschegg im Kanton Bern sind einst die herumziehenden Heimatlosen, Korbmacher, Rechenmacher, Besenbinder usw. angesiedelt worden. Sie betreiben Landwirtschaft und Hausindustrie, und zu gewissen Jahreszeiten ziehen sie mit einem Hundegespann im Land herum und suchen ihre Produkte zu verkaufen.

Stück Brot. Es ist aber nur noch gerade Brot genug für das Abendessen da. Man denkt, nun, das Fraueli kann *mein* Brot (= meinen Anteil) davon haben. Dann wird der Vater fragen, warum ich kein Brot nehme, man solle den Rest verteilen, damit ich auch erhalte, und dann bekommen die anderen doch zuwenig. Und wenn ich ihm sage, ich habe meinen Teil einem armen Rüscheggerli gegeben, dann brummt er, wir hätten sonst genug zu porzen (= Mühe genug, auszukommen, sich durchs Leben zu schlagen), und es sei nicht nötig, wegzuschenken, was wir selber kaufen müssen. Denn das ist eben schon passiert, und darum schrieb ich, man wisse manchmal nicht ganz sicher, was gut oder schlecht ist.« (Martha Sch.)

Ähnlicher Meinung ist auch ein Bub gleichen Alters: »Auf die innere Stimme oder wie man dem sagt, kann man nicht so sicher gehen, wie die Großen immer meinen und wie uns der Herr Pfarrer in der Unterweisung gesagt hat. Wenn ich allein mit meinem Bruder Otto, der ein Jahr jünger ist als ich und in die Sekundarschule (untere Mittelschule) geht, zu Hause bin, dann will er natürlich nichts machen. Immer hat er Aufgaben, wenn er etwas machen soll. Ich soll allein alles tun, im Garten, im Kaninchenstall, im Holzhäuschen. Am liebsten gäbe ich Otti eine tüchtige Ohrfeige. Nun kommen aber die inneren Stimmen. Eine sagt, tue's nur, der Lauser hat's verdient, und es ist für alles schad', was daneben geht. Die andere sagt, nein, du bist der Stärkere, es ist feig von dir, die Kraft so auszunutzen, wenn der Otti der Schwächere ist. Eine dritte Stimme sagt, es tut ihm nicht gut, wenn er so faulenzt. Er wird dir später für die Ohrfeige zur rechten Zeit dankbar sein[3]. Es würde ihm schaden, wenn er sich so ans Faulenzen gewöhnt. Eine vierte Stimme sagt: das ist doch gleich, laß ihn machen, du hast sonst nur böse Worte mit ihm, und er macht dann alle Sachen verkehrt, daß du hintervür mußt (= die Arbeit nochmals von vorne bis hinten besser verrichten mußt). Die fünfte Stimme sagt: es ist doch nicht recht, wenn der eine Bruder schuftet, und der andere macht sich keinen Fingernagel dreckig, hopp, hau ihm nur eines, so weiß er, wieviel Uhr es geschlagen hat. Natürlich sind das nicht Stimmen. Ich denke nur so. Aber da soll man in der Suppe herausfischen, was man jetzt tun soll, daß es dann recht ist. Ich hau ihm dann eines, oder auch nicht, wie ich gerade in der Laune bin. Aber ganz wohl ist mir nicht dabei, ob ich haue ihm eines oder ich lasse es sein.« (Karl H.) Eine

[3] Ein Lesebuchstück trug den Titel *Eine Ohrfeige zur rechten Zeit* und zeigte, wie ein Kind brav wurde, einen Diebstahl und dann das Stehlen überhaupt unterließ, weil es zur rechten Zeit eine Ohrfeige erhalten hatte.

achtzehnjährige ehemalige Schülerin, die als Dienstmädchen ins »Welschland« (= französische Schweiz) ging und einen regelmäßigen Briefwechsel mit mir pflog, erzählte, sie habe etwas Merkwürdiges erlebt. Sie hätte mit einem Waadtländer, der etwas älter sei als sie und den sie gut leiden mochte, öfters an Sonntagen Motorradfahrten in die Berge gemacht. Anläßlich der letzten sei es zum Küssen gekommen, sie hätten sich erregt, und der Bursche sei »angriffig« (zudringlich) geworden. Plötzlich habe sie eine Stimme zu sich sprechen gehört. »Als wäre die *Mutter* bei mir, rief es in mir: ›Vreni, Vreni, paß auf!‹ und ich wußte, was ich zu tun hatte. Ich wehrte ab, und er (der Bursche) bedrängte mich nicht weiter. Das Merkwürdige dabei war, daß ich gar nicht an die Mutter gedacht hatte, ich hatte überhaupt an nichts gedacht, und wenn die Stimme geschwiegen hätte, wer weiß, was da noch passiert wäre.« (Verena L.)

Es sei schließlich noch ein Beispiel aus der Literatur zum Thema der ›inneren Stimme‹ erwähnt. Von 1799–1846 lebte in Genf ein Schriftsteller, Zeichner und Erzieher namens Rodolphe Toepffer. In seinen Werken schildert und illustriert er mit überlegener Heiterkeit und liebenswürdigem Spott die menschlichen Unzulänglichkeiten und ist, ein geistiger Bruder und Vorläufer des französischen Karikaturisten Honoré Daumier, eher seiner witzigen Zeichnungen als seiner literarischen Schöpfungen wegen bekannt geblieben. Er, der als Kind vornehmer Eltern von einem Hauslehrer erzogen wurde, erzählt: »Lange Zeit habe ich die innere Stimme meines Gewissens nicht von der *Stimme meines Lehrers* unterschieden. Auch glaubte ich, wenn mein Gewissen zu mir sprach, es vor mir zu sehen in schwarzem Gewande, mit schulmeisterlicher Miene und einer Brille auf der Nase.«

Das vorgelegte Material mag uns nachweisen: spät bis ans Ende des Schulalters wird die ›innere Stimme‹ noch als diejenige der das Kind umgebenden Autoritätspersonen agnosziert. Sie ist bald die Stimme des Vaters, bald jene der Mutter, des Großvaters, des Lehrers. Später identifiziert sich der Heranwachsende so stark mit den Gewissensforderungen, welche ursprünglich von den Autoritätspersonen an ihn gestellt wurden, daß die Stimme zur eigenen Stimme wird. Schließlich, wenn das Gewissen durch vielerlei Beeinflussungen verfeinert worden ist, erhält die Stimme mehr und mehr den Ton einer überpersönlichen Macht und wird von der eigenen zu Gottes Stimme.

Interessant ist die Äußerung der fünfzehnjährigen Lotti B.; sie hört ihre eigene Stimme zu sich sprechen, hat aber den Eindruck, Gott bediene sich ihrer; er *»nimmt meine Stimme, um mit mir zu reden«*. Offenbar steht das Mädchen auf der Stufe, da sich in ihm die moralischen

Ansprüche verobjektivieren. Auch der sechzehnjährige Hans B. erlebt dasselbe, wenn er formuliert, es handle sich nicht um eine eigentliche Stimme, eher für ein *Gefühl* dafür und ein *Wissen* darum, was recht oder unrecht ist.

Die gleichaltrige Martha Sch., Mädchen aus einer armen Familie, kennt bereits den komplizierteren *Gewissenskonflikt*, wenn sie im Zweifel darüber steht, ob sie verpflichtet sei, dem Mitleid gegenüber der Hausiererin oder dem Mitgefühl und der Verantwortung ihren Familienangehörigen gegenüber zu folgen; in ihr stehen zwei gleichwertige moralische Impulse im Widerstreit, während bei den übrigen Kindern nur in Frage steht, ob sie sich für das einfache Gewissensgebot oder für einen egoistischen Triebanspruch entschließen wollen. Die Meinungsäußerung des sechzehnjährigen Karl H., der mit sich streitet, ob es seinem Bruder Otto zu Nutz und Frommen oder zum Schaden gereichen werde, wenn er ihm eine Ohrfeige erteile, führte ich an, weil der Bericht lustig formuliert ist und uns zu zeigen vermag, daß wir manchmal das, was nichts weiteres ist als ein affektiver Wunsch, als Gewissensregung drapieren. Karl ärgert sich darüber, daß Otto ›faulenzt‹, während er, der ältere Bruder, die Arbeiten im und ums Haus verrichten muß. Um den Affekt loszuwerden, tut er, was viele erwachsene Erzieher einem Kinde gegenüber tun. »Ich hau ihm dann eines oder auch nicht, wie ich gerade in der Laune bin!« erläutert der kleine ›Pädagoge‹, der gefunden hat, eine ›Ohrfeige zur rechten Zeit‹ sei Bruderpflicht zu altruistischen Zwecken.

Immerhin: »Aber ganz wohl ist mir nicht dabei, ob ich haue ihm eines, oder ich lasse es sein!« gibt Karl zu und verrät durch diese Unentschiedenheit, sein Gewissen sei nicht in Ruhe und im Gleichgewicht. Daß schon Schulpflichtige mitunter in einen ›richtigen‹ Gewissens*konflikt,* wobei sich zwei moralische Ansprüche gegenüberstehen, geraten können, mögen nachfolgende zwei Berichte illustrieren.

Wenn ich in der Schule das Gebot »Du sollst kein falsches Zeugnis reden!« behandeln soll, gehe ich regelmäßig so vor, daß ich die Kinder darüber erzählen lasse, wie *sie* logen und lügen. Gewöhnlich benutze ich irgendein aktuelles Ereignis, um das Thema anzuschneiden, etwa dann, wenn ein Kind eine ›Notlüge‹ benutzt, um sich herauszureden. Wird es der Unwahrhaftigkeit überführt, sind seine Kameraden immer bereit, die Pharisäer zu spielen. Es ist dann der Augenblick gekommen, ihnen mitzuteilen, sie seien gewiß um kein Haar besser als der ertappte Schuldige, und sie aufzufordern, sich zu erinnern und Geständnisse abzulegen. Sie erzählen dann von Lügen, die zunächst zeitlich ferne liegen und irgendeine fremde Person betreffen. »Als ich noch klein war« – so beginnen die Erzählungen und handeln von einem rechthaberischen Nachbar, den man mit einer Lüge düpierte, von einer schlimmen Nachbarin, die man hinters Licht führte, usw. Dann kommt der Tag, daß Geschwister belogen wurden; hierauf, daß man die Eltern anlog, um Strafen zu entgehen. Schließlich wird eingestanden, daß man »einst« auch die Lehrerin oder andere Lehrer anschwindelte, und jetzt ist der Boden genug gelockert, daß man die Schüler auffordern darf, ihre neuesten Unwahrheiten und auch die, welche dem derzeitigen Lehrer gegenüber benutzt worden sind, preiszugeben. Gestützt auf das auf diese Art gewonnene Material wird dann gemeinsam untersucht, ob es keinen Weg gegeben hätte, die Lügen zu vermeiden – das Gewissen nicht mit ihnen zu belasten, und zuletzt wird das mosaische Wahrhaftigkeitsgebot postuliert.

Es braucht kaum erörtert zu werden, daß dabei ein Stück Gewissenserziehung getrieben, durch das Hervorlocken von freiwilligen Geständnissen die Gewissen erleichtert und nebenher das Gemeinschaftsgefühl gefördert wird. Das Ganze ist eine Art kollektiver Katharsis[4] und packt die Schüler viel intensiver, als wenn nur eine unpersönliche Allgemeinforderung aufgestellt oder das biblische Gebot ›durchgenommen‹ wird.

Bei solchem Vorgehen ist mir mehrmals passiert, daß mir ein Kind von einem Vorfall oder Erlebnis erzählte, wobei ich die Forderung auf das Wahrheitsgebot nicht aufrechterhalten konnte. So erinnere ich mich einer Vierzehnjährigen aus ganz ärmlichen Verhältnissen. Ihr Vater war ein Taugenichts und Säufer. Die Mutter suchte ihre große Familie als Waschfrau, durch Mithilfe bei der Getreideernte usw. durchzubringen. Der vierzehnjährigen ältesten Tochter lag inzwischen ob, die Haushaltsgeschäfte zu besorgen, die kleineren Geschwister zu hüten und zu kochen. Sie hatte, wenn die Mutter abwesend war, auch das Kässchen für die täglichen Ausgaben zu verwalten.

An einem Nachmittag erscheint der Vater und verlangt von der Tochter Geld. Aus seinem Gespräch ging hervor, er wolle ins Wirtshaus gehen, um mit Kumpanen ein Kartenspiel zu machen. Sie habe kein Geld, gibt die Tochter Bescheid. Der Vater darauf, gereizt: aber sie wisse doch, wo die Mutter Geld versteckt halte, es sei Geld im Hause. Die Tochter lügt beharrlich weiter, sie wisse nichts von Geld, es sei ihr nichts bekannt, ob und wo welches verborgen liege. Schließlich, brummend und scheltend, zieht der Vater ab. Nachdem er fort ist, zahlt die Tochter den Bäcker, der kein Brot auf Kredit abgeben

[4] = seelische Reinigung

würde. »Hätte ich dem Vater denn sagen sollen, daß die Mutter einen kleinen Betrag im Küchenschrank in einer Tasse hatte, und daß ich damit Brot kaufen mußte?« fragte mich die Schülerin. »Würde ich es getan haben, hätte er es genommen und verpraßt. Die Mutter wäre traurig gewesen, es wäre ein Streit gefolgt – ich weiß sehr wohl, wie das zugeht – der wütende Vater hätte uns alle verprügelt, und es wäre kein Brot dagewesen zum Nachtessen!«

»Und wenn du ihm mitgeteilt hättest, du wissest, wo das Geld sei, aber du müssest es, gemäß dem Auftrag der Mutter, dem Bäcker geben?« fragte ich.

Die Schülerin blickte mich mit einem wissenden Blick aus altem Gesicht an und seufzte: »Ach, Sie wissen nicht, wie das ist! – Er hätte die Tasse bis auf den letzten Rappen geleert. Mit der Lüge konnte ich dies und das nachfolgende Unheil vermeiden!« Ergeben fügte sie bei: »Gott mag mich der Lüge wegen bestrafen, aber ich wußte mir und uns anderen nicht besser zu helfen!«

»Er wird dich nicht bestrafen, er wird dir verzeihen. Denn er weiß, daß du nicht lügst, wenn du es nicht unbedingt tun mußt!« erwiderte ich, um der Schülerin das Gewissen zu entlasten und um das Wahrheitsgebot trotzdem hochzuhalten.

Eine andere Schülerin, sechzehnjährig, schon ausgewachsen, wohnte in einem abseits gelegenen Häuschen und war einziges Kind. Ihre beiden Eltern arbeiteten in einer Fabrik. Das Mädchen erzählte: es sei an einem Nachmittag in der Stube gewesen und habe Strümpfe gestrickt. Da habe es gehört, daß jemand in der Küche umherging. Sofort sei es hingelaufen. Ein Hausierer sei dagestanden, habe es frech um die Hüften zu fassen gesucht und gefragt: »Kaufst du mir etwas ab, Schätzchen?« Dabei habe er aus dem Munde gestunken wie ein Brenntopf. Das Mädchen sagte: »Ich weiß nicht, ob wir etwas nötig haben. Entschuldigen Sie, ich will rasch den Vater fragen, er schläft drinnen auf dem Ofen!« und es sei in die Stube entwischt. Dort habe es einen Augenblick gewartet, um sich zu beruhigen, habe auch dergleichen getan, als ob es mit jemand spräche. Dann sei es in die Küche zurückgegangen. Da konnte es feststellen, daß der halbbetrunkene Hausierer bereits vor die Türe getreten war. Der Vater lasse sagen, man hätte nichts nötig, erklärte es dem Manne mit fester Stimme, und es schloß die Türe. Durchs Fenster sah es, daß er wegging. Das Mädchen gab die Zeit an, wann sich der Vorfall ereignete. Ich erinnerte mich, daß am gleichen Abend in der Nachbargemeinde ein betrunkener Hausierer festgenommen wurde, weil er sich an einem halbwüchsigen Mädchen vergangen hatte.

Auch in diesem Fall mußte ich als Lehrer zugeben, die kleine List und Lüge sei der beste Ausweg aus der heiklen Situation gewesen. Mit der Unwahrheit sei gewiß etwas viel Schlimmeres verhindert worden, und sie sei verzeihbar.

Ich habe diese Geschichte einem Vorgesetzten wiedererzählt und auch, was ich meiner Schülerin geantwortet. Er tadelte mein Vorgehen und forderte, ein Lehrer habe »unter allen Umständen« vor den Kindern das Wahrhaftigkeitsgebot zu vertreten – etwas anderes sei nicht Erziehung, sondern sträfliche Pflichtverletzung und Anleiten zum Bösen. »Und wenn der Unhold das Mädchen tätlich angegriffen?« wehrte ich mich.

»Das hätte Gott nicht geschehen lassen. Irgendein Wunder wäre geschehen!« meinte der Vorgesetzte. Er warf mir Unfrömmigkeit vor. Ich erzählte ihm, was im Nachbardorf geschehen. Er besann sich selber auch daran. Nun aber wollte ich wissen, wie er sich erkläre, daß dort Gott nicht mit einem Wunder schützend eingegriffen. Er hatte sofort eine Ausflucht und war gar nicht etwa verlegen. »Gott wird wohl wissen«, meinte er, »weshalb er das angegriffene Mädchen nicht schützte. Es wird dies nicht verdient haben! Seine Prüfungen schickt Gott nicht umsonst über die Menschen!«

Gegen solche Argumente läßt sich nichts sagen, und Leute mit solcher Art ›Frömmigkeit‹ kann man nicht von ihrer Überzeugung abbringen. Trotzdem bin ich der Ansicht, meine Schülerin habe damals richtig gehandelt, wenn sie den frechen Kerl belog, der in die Küche getreten war. Flüchten hätte sie ja kaum können, wenn er tätlich geworden wäre.

Die zwei Beispiele zeigen, daß es schon Kindern begegnen kann, unter zwei Gewissensforderungen oder Idealen zu entscheiden.

Die Auseinandersetzung, die zwischen meinem Vorgesetzten und mir wegen der zuletzt erwähnten Schülerin stattfand, habe ich darum erzählt, weil mir scheint, sie mache das Wirken eines stur gewordenen, ich möchte sagen »blechernen« Gewissens deutlich, das nur noch *tönt*, wenn man daran schlägt, und das *nicht mehr lebendig* ist. Ich denke an das Gewissen meines Gesprächspartners, den ich weder anklagen noch heruntersetzen möchte. Sein Verhalten dient mir nur als Brücke zu einer nicht so selten beobachtbaren Variation des Gewissens.

Ich denke an das *übergewissenhafte* Gewissen, das mir mindestens gleich gefährlich erscheint, wie eines mit allzu weiten Maschen. Die Übergewissenhaftigkeit, aus einem *überstrengen* Gewissen strömend, macht den Menschen bald zum Nörgler, der überall das berühmte Haar in der Suppe findet, oder zum Entschlußunfähigen, der aus Gewissensgründen allenthalben lahmgelegt wird. Es kann auch weitere und andere Erscheinungen hervorbringen, tyrannisiert seinen Träger und verhindert dessen Realanpassung. In argen Fällen ist es grausam, weil es aus Destruktionstrieben Kräfte bezieht, die gegen das eigene Selbst gerichtet sind. Sie sind die Gegenspieler des Eros, in den wir die Lebenstriebe zusammenfassen und aus denen sich das Gewissen entwickelt.

Wie ein überstrenges Gewissen wirken kann, sei auch an einem Beispiel dargetan. In Stadtnähe lebte eine Handwerkerfamilie, die lange Zeit nur ein einziges Kind, einen Knaben, besaß. Um ihn nicht zu verwöhnen, wurde er mit puritanischer Strenge erzogen. Die Eltern, calvinistisch gesinnt, ahndeten seine Verfehlungen mit harten Strafen; man band den Buben an einen Bettpfosten, ließ ihn auf buchenen Scheiten knien, die Arme seitwärts halten, bis sie ihm wie Bleiklötze hinunterfielen, usw. Dazu wurde ihm andauernd damit gedroht, der liebe Gott sehe alles und räche jede Missetat. Unter dem Obwalten einer solchen Erziehung entwickelte der Knabe ein entsprechendes Gewissen. Um ihn vor schlimmen Einflüssen ›von der Gasse‹ zu bewahren, gab man ihm nie Gelegenheit, mit anderen Kindern zu spielen. Aus gleichen Gründen begleitete man ihn, als er schulpflichtig geworden, ins Schulhaus und holte ihn dort wieder ab.

Als er elf Jahre alt war, bekam er ein Schwesterchen. Zuerst verhielt er sich ihm gegenüber reserviert. Dann jedoch, es war inzwischen dreijährig geworden, holte er nach, was Kleinkinder beiderlei Geschlechts gewöhnlich zwischen ihrem dritten bis fünften Altersjahre treiben: er sättigte am Schwesterchen seine Sexualneugier ab. Es kam zu Betastungen, die des Knaben Gewissen ungeheuer belasteten. Und nun begab es sich, daß das kleine Mädchen kurz darauf an einer Fieberkrankheit verstarb.

Der überlebende Bruder machte sich insgeheim den Selbstvorwurf, er sei am Tode seiner Schwester schuldig; er phantasierte, sie wäre nicht gestorben, hätten die Berührungen nicht stattgefunden.

Er geriet in eine schwere psychogene Depression und äußerte Selbstmordabsichten. Diese führte er *pars pro toto* auch durch: er schnitt sich an der Hackmaschine – die Eltern betrieben nebenbei eine kleine Landwirtschaft – den Zeigefinger der rechten Hand ab. Es war dies der ›schuldige‹ Finger.

Der Bub faßte die Verstümmelung sofort als ›Strafe Gottes‹ für seine schlimmen Taten auf, fing zugleich an, wieder das Bett zu nässen und wurde deshalb von seinen Eltern in psychotherapeutische Behandlung gebracht. Dort kam an den Tag, der Unfall habe einer

Selbstbestrafung entsprochen und sei kein blinder Zufall gewesen, sondern dem überstrengen Gewissen entsprossen. Der phantasierte Mord an der Schwester verlangte nach Sühne, und entsprechend dem für das Unbewußte geltenden Taliongesetz (»Auge um Auge, Zahn um Zahn!«) stand für Mord die Todesstrafe. Um der Todesstrafe zu entgehen, opferte der Bub den ›schuldigen‹ Finger.

Wer von Gewissensseite her dermaßen belastet ist wie der Knabe, kann, selbst wenn er die Anlagen dazu hätte, keine ›Frohnatur‹ werden; seine depressive Neigung ist nicht verwunderlich.

Das gesamte hier vorgelegte Material deutet auf die Abhängigkeit der Gewissensbildung von der Erziehung hin. Das Kind introjiziert unbewußt seine Erzieher mitsamt ihren Moralforderungen und empfindet diese als ›innere Stimme‹; das sich differenzierende Gewissen nimmt später auch Bestandteile in sich auf, die von der wachsenden Einsicht in die Rückverbundenheit des Menschen mit dem Weltganzen und den daraus entstehenden Verpflichtungen herstammen.

Die allererste Gewissenserziehung aber leisten, sie seien sich dessen bewußt oder nicht, die *Eltern.* Um den Gewissens*kern*, der sich in der Frühkindheit und im Elternhause bildet, legen sich dann nach und nach weitere Schichten.

Der richtige Weg der Gewissenspädagogik führt durch eine ›goldene Mitte‹, die ebenso weit entfernt ist von Nachlässigkeit wie von sturer Strenge. Die Rolle des Erziehers ist die eines geduldigen, gütigen Mittlers zwischen den unverrückbaren Idealen und der menschlich-kindlichen Unvollkommenheit. Er ist Helfer, Cicerone, nicht Rächer, und das Rezept zur Gewissenserziehung muß lauten: *»Suaviter in modo, fortiter in re!«*[5]

[5] Das heißt ungefähr: »Milde in der Durchführung, streng am Prinzip festhaltend!«

3. Kapitel: Liebe, Identifikation und Oedipuskomplex – und ihr Beitrag zur Gewissensbildung

Die Jäger behaupten, auch die Hunde, nicht allein nur der Mensch, besäßen ein Gewissen. Marie von Ebner-Eschenbach hat in ihrer Novelle *Krambambuli* dem Gewissenskonflikt eines Hundes ein unvergängliches Denkmal gesetzt.

Ich möchte jetzt auch von einem Hunde erzählen, einer deutschen Dogge, die Bella hieß. Man hatte mich zu einem Abendessen eingeladen. Ich ging ein wenig früher hin, um vorher mit dem Hausherrn etwas zu besprechen. Wir saßen im Rauchzimmer. Da erschien auf einmal die Hausfrau. Man merkte ihr an, sie sei völlig außer Fassung. Sie atmete laut und in rasch aufeinanderfolgenden Zügen.

»Ich setzte den Braten auf den Tisch!« stotterte sie vor Aufregung. »Und wie ich wieder ins Speisezimmer komme, ist er weg, fort, verschwunden. Es war niemand im Speisezimmer!«

Wir begaben uns hinüber.

Auf dem Tisch stand die leere, blanke Bratenschüssel. Der Herr stößt einen dumpfen Fluch aus. Und jetzt ertönt unterm niedrigfüßigen Sofa ein klägliches Winseln. Man sieht einen dünnen gelben Wasserfaden hervorrinnen.

Der Herr ruft drohend: »Bella!«

Wimmernd kriecht das Tier hervor, wagt nicht, sich auf die Beine zu heben, schleift den Körper über den Boden – und dann nimmt es einen gewaltigen Sprung zum offenen Fenster hinaus. Wir eilen hin und sehen gerade noch, wie Bella auch über die hohe Ligusterhecke des Gartens setzt.

Es bestand kein Zweifel mehr, wohin der Braten gekommen war.

Dann hörte ich, die Hündin sei drei Tage lang nicht zurückgekehrt. Nach der vierten Nacht war sie wiederum da, saß vor der Haustüre. Der Herr erschien mit der Peitsche. Bella winselte kläglich, aber sie blieb. Sie ließ sich prügeln und leckte hernach die Hand, die sie gestraft hatte.

Man ließ sie ins Eßzimmer hereinkommen, man legte eine Wurst auf den Tisch, und dann ging man hinaus, um später wieder zu erscheinen. Bella hatte die Wurst nicht angerührt. Von Stund an war das Tier verläßlich, stahl nie mehr etwas vom Tisch, nahm nur, was man ihm darreichte.

Das Tier-Gewissen, kann nun jemand einwenden, sei ein reiner Dressur-Artikel. Bella sei nur aus Strafangst ›moralisch‹ geworden, sie begehrte nicht neuerdings die Peitsche auf ihrem Fell zu spüren. Außerdem sei ein Tier nicht mit einem Menschen vergleichbar.

Ich meine: gewiß folgte das Tier dem Gesetze vom ›bedingten Reflexe‹. Es wollte Unlust vermeiden, hatte erfaßt, daß solche eintrat, wenn es die Speisen auf dem Tische nicht in Ruhe ließ. Jedoch – ist dies alles?

Mir scheint, es sei nicht alles. Denn Bella kommt am vierten Tage vor die Haustüre, macht sich durch Laute bemerkbar und ist bereit, bestraft zu werden. Sie läuft nicht davon, als der Herr mit der Peitsche erscheint, und nach Vollzug der Strafe liebkost sie die Hand des Richters. Sie will ihm gleichsam mitteilen: »So – und nun, bitte, *hab mich wieder lieb!*«

Um dieses Zuges willen habe ich die Episode erzählt. Sie scheint mir lehrreich zu sein, auch wenn es sich nur um eine Hündin handelt. Lieber nimmt das Tier die Unlust der Strafe auf sich, als das Ausgeschlossensein, das Verbanntsein. Wir haben Bella nicht fragen können, was in ihr vorgegangen war. Es ist aber leicht zu erraten. Offenbar war die Pein des *Liebesverlustes* für das Tier größer als die Strafangst und das Strafe-Erdulden, obwohl die Hündin zuerst geflüchtet war.

Ein Elfjähriger hatte eine Fensterscheibe zerschlagen. Er war froh und erleichtert, daß der Vater den Schaden nicht gleich entdeckte. Es geschah dies erst zwei Tage später. Der Vater erkundigte sich beim Sohn, ob er wisse, wer den Schaden angestiftet habe. Der Bub schüttelte den Kopf, wurde rot, behauptete, die Scheibe sei »schon lange« kaputt, und verzog sich. Dies geschah an einem Mittag. Der Vater begab sich an seine Arbeitsstätte und sah den Sohn erst beim Abendessen wieder. Das heißt, er tat so, als sähe er ihn nicht. Weder blickte er ihn an, noch sprach er zu ihm. Er beachtete ihn nicht.

Drei Tage lang hielt der Bub den Zustand aus. Dann trat er vor den Vater hin, dessen ledernen Militärleibgurt in der Hand. »Haue mich durch!« forderte der Sohn. »Aber nachher red' wieder mit mir!«

Der Knabe hat sich also nicht anders als Bella verhalten. Zuerst ist seine Strafangst so groß, daß er leugnet und sich drückt, genau so, wie die Hündin vom Schauplatze ihrer Tat geflüchtet ist. Sie verriet sich durch ihr Winseln und das Wasserlassen, der Bub durch sein Erröten und Weglaufen. Aber gleich der Bella ist auch der Bub nach einiger Zeit bereit, die Strafe in Kauf zu nehmen, wenn er damit den Liebesverlust wettmachen kann. Er begehrt zu sühnen. Was er nicht erträgt, ist die *Isolierung* von einem Menschen, den er liebt. Sie ist für ihn schrecklicher als die Strafe.

Die Bereitschaft zur Strafe entspringt dem unwiderstehlichen Wunsche, verscherzte Liebe wiederzugewinnen – und wir sehen den Zusammenhang zwischen Liebe und Gewissen. Das Kind gehorcht nicht allein nur darum, weil es die Strafe bei Nichtgehorchen fürchtet; es will durch das ›Gehorsamen‹ (wie die Alten so zutreffend sagten), durch das Einhalten der moralischen Forderungen neue Liebe erwerben oder die bereits erworbene nicht gefährden.

Die Gewissensangst ist eine *soziale Angst* selbst dann, wenn sie sich nicht auf Mitmenschen, sondern auf Gott bezieht. Von Gott verlassen zu sein, ist für den Rechtsbrecher, insofern er an Gott glaubt, mindestens ebenso schlimm, wie die Isolierung von den Mitmenschen. Umgekehrt ist die Gewißheit, von Gott nicht verlassen zu sein, tröstend genug, um die Isolierung von den Mitmenschen zu ertragen.

Es fällt mir hier die Geschichte eines fünfzehneinhalbjährigen Zwangserziehungsanstalts-Zöglings ein, der ausgerissen war. Es gelang ihm, in einer größeren Stadt unterzutauchen. Man erwischte ihn erst wieder, als er einem Bäcker, der sein frisches Brot zur Abkühlung vors Haus gebracht, einen Laib entwendete. Der Halbwüchsige hatte ihn nicht für sich stehlen wollen. In einem Nebengäßchen hatte er eine Frau mit einem Säugling auf dem Randstein sitzen und weinen sehen, und als er vorüberging, bettelte sie ihn an. Da er selber nichts hatte, konnte er ihr nichts schenken. Als er dann die vielen duftenden Brotlaibe sah und roch, überlegte er nicht lange, nahm einen davon weg und stob davon. Der Bäcker hatte ihn beobachtet, hatte Lärm gemacht, war im Verein mit Passanten dem Dieb nachgelaufen, und ehe dieser das Brot der Frau geben konnte, wurde er gefaßt. Ein Polizist kam, führte ihn ab. Vor dem Untersuchungsbeamten sagte der Halbwüchsige: »Macht mit mir, was ihr wollt. Mich reut nur, daß ich das Brot der Frau nicht haben geben können. Aber der liebe Gott weiß, was ich beabsichtigte!« Er wurde wieder in der Anstalt abgeliefert, und weil er keine Reue gezeigt hatte, verlängerte man seine ›Strafzeit‹ – er war vorher wegen Verwahrlosungsgefahr administrativ versorgt worden. Es will uns scheinen, mit der inneren Verwahrlosungsgefahr dieses Halbwüchsigen sei es nicht so sehr weit her und gefährlich; denn wer sich Gott gegenüber im reinen weiß, entbehrt nicht des inneren Haltes, selbst wenn ihn ein noch unfertiges Ich und äußere Umstände zu Rechtsbrüchen verleiten. Der Jurist hat zwar den objektiven Tatbeständen gemäß Recht zu sprechen – weniger nach dem subjektiven, und Unrecht ist selbst dann nicht einfach entschuldbar, wenn wir die Motive verstehen und unter Umständen sogar achten müssen. Der Satz: »Was vor Gott recht ist, braucht vor den Menschen nicht recht zu sein!« darf nicht zum Freipaß werden.

Ich habe unser Augenmerk auf den Zusammenhang zwischen Gewissensbildung und den Funktionen des Liebesentzuges und Liebeserwerbes richten wollen, und ich möchte diese Bezüge an weiterem Erfahrungsmaterial noch deutlicher machen.

Eine meiner Schülerinnen, es war vor Jahren, entwendete aus der Reisekasse der Klasse drei Franken. Die Kassiererin meldete, daß der Betrag fehle, und sogleich rief eine Mitschülerin: »Mir ist auch ein Frankenstück gestohlen worden. Ich hatte es in meiner Schulschachtel!« Mit diesem prompt erfolgten Ausruf verriet sich die Diebin in meinen Augen.

Sie gestand aber nicht. Ich sagte niemand, was ich wußte und sprach vor der Klasse nur in ganz allgemeinen Worten davon, die Tat werde den Dieb oder die Diebin später reuen, und der- oder diejenige, die den Betrag entwendet habe, tue am besten, ihn heimlich wieder in die Kasse zu legen, um Gewissensbissen zu entgehen.

Es geschah nichts. Nun versuchte ich noch etwas anderes: ich legte aus meinem eigenen Geldbeutel den Fehlbetrag in die Reisekasse, und zwar so, daß es alle sehen konnten. Wenn ich den Schaden trüge, dachte ich, ertrüge dies die Diebin nicht, denn ich wußte, daß sie mich gern hatte.

Und wieder geschah nichts. Ich fragte mich, ob ich das Mädchen zu Unrecht verdächtigt – und vergaß den Vorfall. Die Schülerin wurde konfirmiert, trat aus der Schule und schrieb mir einige Male. Dann hörte ich nur noch zufällig etwas über ihr Schicksal. Sie habe eine Berufslehre bestanden, sie heirate einen Handwerker, usw.

Dann, eines Tages, kam ein Brief von der jungen Frau, und darin lagen für drei Franken Briefmarken. Sie sei guter Hoffnung geworden, schrieb die ehemalige Schülerin, und sie freue sich sehr auf das Kind. Aber sie trage Schuld auf sich und fürchte, diese könnte dem Kindlein schaden, und deshalb wolle sie gutmachen, was sie einst verbrochen. Sie schilderte, damit ich mich erinnere, die Szene in der Schule ganz genau.

Wir sehen: Liebe und Verantwortungsgefühl treiben die werdende Mutter dazu, Sühne zu leisten. Die Zuneigung zu ihrem Lehrer genügte dazu nicht. Das Gewissen schwieg auch noch, als das Mädchen heiratete. Dann aber erwachte es, und um des Kindes willen mußte die

Mutter von der Seele wälzen, was ihr jahrelang darauf gelegen, ohne daß sie die Last als unerträglich empfunden hätte[1].

Wie das Gewissen eines Heranwachsenden sich unter dem Einfluß der Liebe zu einer erwachsenen Führerperson entwickelt und wächst, konnte ich so oft beobachten, daß es mir als Selbstverständlichkeit vorkommt und daß mich deucht, der psychologische Zusammenhang sei dermaßen alltäglich, daß man gar nicht darauf hinzuweisen braucht. Wenn ich Beispiele anführen sollte, wird mir die Auswahl schwer. Trotzdem möchte ich eines vortragen, weil es mir lehrreich erscheint. Ein Nachbar hatte einen zehneinhalbjährigen Verdingbuben[2] zu sich genommen, Jakob. Er war elternlos und bislang von einer Pflegestelle zur anderen gerutscht, war bald in Heimen, bald bei Privaten untergebracht gewesen, und niemand hatte ihn längere Zeit behalten wollen. Er war schlau, wußte mit Schlauheit andere zu übervorteilen oder hinters Licht zu führen; er log mit dem ehrlichsten Gesichtsausdruck, er betrog und stahl bei jeder Gelegenheit. Die Isolatoren an den Telephonstangen waren vor seinen Steinwürfen nicht sicher. Hatte er Geld, legte er es sofort in Zigaretten an, als brännte es ihn in den Händen, und wenn ihn jemand des Rauchens wegen tadelte, erteilte er ihm freche Antworten. Man dachte daran, ihn in einer Zwangserziehungsanstalt zu versorgen. Da erklärte der erwähnte Landwirt, Herr Kunz, er wolle es vorher mit Jakob einmal probieren.

Der Bub kam aus einem anderen Dorf und wurde in der Schule meiner Klasse zugeteilt. Ein Aufsatz, den er als Zehneinhalbjähriger schrieb, gibt Auskunft über seine allgemeine Haltung:

»Wenn mir der Melker eine Ohrfeige gibt, so werde ich zornig. Da kann man nichts mit mir anfangen. Ich spreche nicht mit allen und mache den Kopf. Wenn mir etwas in den Weg kommt, so werde ich wütend. Das Werkzeug wird kräftig abgestellt und fliegt im Stall herum. Wenn jemand noch etwas auszusetzen hat, so laufe ich von der Arbeit weg. Niemand kann es mir recht darbringen, und die Schnetzmaschine geht auch ringer (= leichter).«

Der Pflegevater, ein ruhiger, überlegener, großzügiger Mann, lächelte als er die Niederschrift sah und wollte sich eine Ehre daraus machen, den Buben zu »zivilisieren«. Wir hielten oft zusammen Rat, wie er dies anstellen müßte, und er war gescheit genug, um einzusehen, daß die bislang an dem kleinen Verwahrlosten angewandten ›strengen‹

[1] Ich habe die Geschichte, ohne viel daran zu ändern oder beizufügen, unter dem Titel *Die drei Franken* als ›Leseheft‹ des Rufer-Verlags, Gütersloh, veröffentlicht.
[2] Angenommenes, doch nicht adoptiertes Kind, Pflegekind.

Erziehungsmittel, Prügel usw., nicht nur nichts gefruchtet, sondern den temperamentvollen und ressentimentalen Burschen nur noch ärger in Abwehr- und Rachereaktionen hineingetrieben hatten. Herr Kunz verbot seinem Melker, ebenso dem übrigen Gesinde, den Buben körperlich zu strafen und forderte, man solle sich so wenig als möglich reizen lassen und Jakob vor allem nicht zeigen, man rege sich über ihn auf. Er sollte mit seinen Streichen ins Leere stoßen.

Zunächst gewöhnte er ihm das Rauchen ab. Wenn der Bub mit dem Meister zusammen auf dem Felde arbeitete, reichte ihm dieser einen ›Stumpen‹ (eine besondere Art schweizerischer Zigarre).

»Mir ist es ganz gleichgültig, wenn du rauchst!« erklärte er Jakob. »Ich mag die dir Freude wohl gönnen. Aber schau, das Rauchen ist den Kindern eigentlich noch nicht erlaubt, das weißt du ja genau. Und ich möchte dich eines bitten: rauch mir nicht auf der Straße, tue es vor allem nicht im Dorf, wo dich alle sehen! Versuche, dich zu beherrschen, bis du mit mir allein bist! Dann kannst du rauchen, so viel du willst.«

Jakob war höchst erstaunt über eine solche Haltung. Aber er nahm die Milde für die Schwäche und rühmte überall, der Bauer lasse ihn rauchen.

Der Mann wurde vor die Behörde zitiert, mußte sich rechtfertigen. Er ersuchte die Herren, ihn mit dem Buben machen zu lassen und sich in seine Erziehungspläne und -methoden ein Jahr lang nicht weiter einzumischen, was man ihm zusicherte.

Bei nächster Gelegenheit erzählte der Bauer seinem Pflegesohn, was geschehen war. Er tat dies nicht im Tone eines Vorwurfes, sondern ganz ruhig und sachlich, und er fügte bei: »Sie haben gedroht, dich mir wegzunehmen und dich in eine Anstalt zu geben. Es täte mir sehr leid, wenn man dich fortnähme. Denn ich bin mit dir zufrieden und die Mutter auch. Du kannst uns schon tüchtig bei der Arbeit helfen, du bist stark und bist kein Dummer. Auch nicht in der Schule, der Lehrer hat's gesagt. Wir haben uns jetzt schon an dich gewöhnt und möchten dich bei uns nicht mehr missen. Aber ich will dich zu nichts zwingen, du kannst machen, wie du willst, und vielleicht hättest du es in einer Anstalt schöner als bei uns!«

Jakob erwiderte nichts. Aber er wurde nachdenklicher und verzichtete aufs Rauchen.

Er verzichtete allmählich auch aufs Stehlen. Man bewies ihm, daß er es gar nicht nötig habe. Ohne Worte darüber zu machen, zeigte man ihm, man gönne ihm alles von Herzen, es sei genug Speise da und auch genug von allem anderen. Man belohnte ihn für verrichtete Arbeit mit kleinen Geschenken. Der Bauer nahm ihn auf Reisen mit, etwa an den Pferdemarkt – und der Bub attachierte sich immer stärker an ihn.

In der Schule ergab sich auch vielfache Gelegenheit, die Erziehungsarbeit der Pflegefamilie zu unterstützen. Vor allem, so schien mir, gelte es, das *Selbstgefühl* Jakobs zu heben. Er kam sich minderwertig vor, weil er ›nur‹ ein Verdingbub war und keine ›richtigen Eltern‹ besaß. Dies wurde ihm gelegentlich von Kameraden vorgehalten, besonders von solchen aus wohlhabenden Kreisen. Daraus ergaben sich in Jakob soziale Ressentiments, gegen die er auf bubenhafte Art ankämpfte: er fing mit den Quälgeistern Streit an, und er suchte ihnen durch Frechheiten usw. zu imponieren.

Um sich bei ihnen in ein vorteilhaftes Licht zu setzen, probierte er, den Lehrer zu necken. Mitten im mündlichen Unterricht ließ er das Lineal auf den Boden fallen. Die Störung wurde nicht beachtet. Er ließ die Farbstiftschachtel auf den Boden fallen. Die Klasse lachte. Ich wartete, bis er die Stifte zusammengelesen hatte, fuhr dann im Unterrichten weiter. Er gab einem offenen Tuschfläschchen einen Stoß. Es fiel zu Boden, es gabe einen kleinen schwarzen See.

»Helft ihm aufputzen!« sagte ich ruhig. »Und was kostet das Vergnügen, Tusch auszuschütten? Ich werde Jakob neuen Tusch geben müssen, das darf ich nicht ohne Entschädigung. Sie muß an die Klassenkasse entrichtet werden. Sagt, wie hoch der Betrag sein muß!«

»Fünfzig Rappen!« rief ein Mädchen.

»Das wäre wohl zuviel!« erwiderte ich und schlug einen Zwanziger vor. Darauf einigte man sich.

»Jakob wird mir am Mittag die Aufsatz- und Rechenhefte heimtragen, damit kann er das nötige Geld verdienen!« Dann wandte ich mich an ihn. »Schau, dahinten steht eine leere Schulbank. Wenn es dir solchermaßen Freude bereitet, Krach zu machen: wirf doch mal die Schulbank zum Fenster hinaus! Das gibt dann noch viel schöneren Lärm, als wenn du nur ein Lineal, die Farbstiftschachtel oder ein Tuschfläschchen auf den Boden wirfst. Nur du wirst nachher mit dem Abwart (Schuldiener, Hausmeister) vereinbaren müssen, was so ein Schulpültchen kostet, das man kaputt gemacht hat!«

Jakob lachte, die Klasse lachte, ich lachte mit. Und er ließ fortan die Störungen bleiben. Für den Botengang am Mittag gab ich ihm fünfzig Rappen, statt nur zwanzig. »Du hast genau gleichviel verdient«, sagte ich zu ihm, »wie es ein anderer getan, wenn er mir die sechzig Hefte heimgebracht!«

Der Pflegevater fragte mich, ob es erzieherisch nicht falsch gewesen sei, die Lausbüberei Jakobs noch zu belohnen. Denn dies sei doch »eigentlich« geschehen. Ich erklärte ihm, dies glaube ich nicht. Der Knabe müsse den Eindruck erhalten, daß er mich auf keinen Fall in Harnisch bringen und dazu veranlassen könne, ihn anders zu behandeln als die übrigen. Ich hatte vorher einmal einem Mädchen für einen Botengang auch einen Halbfranken geschenkt.

Es zeigte sich rasch, wie heilsam es gewesen, daß ich mich nicht hatte durch Jakobs Störungen aus dem Konzept bringen lassen. Der Bub faßte Zutrauen und zeigte dies dadurch, daß er sich größere Mühe gab. Ich hatte mehr und mehr Gelegenheit, ihn anzuerkennen, und ich wandte die Technik der ›Ästimation‹ (Klaesi) an. In der Klasse begannen die Mitschüler, Jakob zu schätzen, sie schauten ihn nicht länger nur ›von der Seite‹ an. Nach einem Jahr wurde er zum Klassenkassierer gewählt.

Ich lasse einen seiner Aufsätze folgen, der geschrieben wurde, als Jakob dreizehn Jahre alt war; er lautet:

»Ich sah auf dem Stallbänklein einen Franken liegen, ganz hinten, und ich dachte, den habe jemand dort verlegt oder verloren. Ich hatte Angst, aber ich nahm ihn. Und hatte nicht gesehen, daß der Vater (der Meister, der Pflegevater) mir zuschaute. Er saß unter einer Kuh, die er gerade melken wollte. Da stand er auf und gab mir eine Ohrfeige, daß ich ins Stroh flog. Ich gab ihm den Franken zurück. Er sagte weiter kein Wort. Wie bin ich froh, daß er mich erwischte und strafte, und ich so kein Dieb wurde!«

So schrieb Jakob, der kurze Zeit früher stahl, was nicht niet- und nagelfest war. Wir sehen, etwas hat sich in ihm geändert.

Wir wundern uns aber auch über Herrn Kunz. Wie kommt er dazu, Jakob mit einer Ohrfeige zu strafen? Ist er nicht aus seiner Rolle, die er sich vorgenommen, gefallen? Hat er nicht – plötzlich – genau gleich reagiert, wie die vorigen Pflegeväter des Buben? Hat er durch sein Verhalten nicht alles wieder zerstört, was er bislang aufgebaut?

Darüber werden wir noch diskutieren müssen. Vorläufig sei nur mitgeteilt, daß die Ohrfeige den Prozeß der allmählichen Besserung bei Jakob nicht unterbrach.

Er unterschied sich sowohl in der Schule, als auch auf der Straße nicht mehr von den anderen durchschnittlichen Buben. Seine Fehler hatte er weitgehend abgelegt.

Ein äußerliches Zeichen dafür, wie er innerlich zu seinen Pflegeeltern stand, mag sein, daß er sie freiwillig »Vater« und »Mutter« nannte. Als er ungefähr fünfzehn Jahre alt war, schrieb er einmal:

»Gestern mußte ich für die Mutter auf die Landesbibliothek, um

Bücher zu bringen und zu holen. Da sah ich auf einem Pulte (im Lesesaal) einen schönen Füllfederhalter liegen, der niemand gehörte. Ich blieb absichtlich dort, um zu sehen, ob ihn niemand nehme. Denn er gefiel mir sehr. Es war ein ›Schwan‹ mit einem Hebelchen. Als niemand hinsah, nahm ich ihn rasch weg. Aber ich hatte Gewissensbisse. Da gab ich ihn dem Fräulein (der Beamtin am Schalter) und sagte ihr, den habe jemand vergessen. Ich war froh. Und doch denke ich wieder, wenn ich jetzt einen Füller hätte.«

»Du hattest wohl Angst, es habe dich jemand gesehen?« sagte ich zu dem Buben, nachdem ich den Aufsatz gelesen.

»Nein, es hatte mich niemand gesehen, und ich dachte, der, welcher den Füller verlor, vermag wohl einen anderen zu kaufen, aber ich schämte mich einfach, ihn zu behalten. Ja, wenn ich noch kleiner (= jünger) gewesen wäre...« fügte Jakob bei.

»Ja?« fragte ich.

»Mmm – da macht man so etwas!«

Ich schlug ihm freundschaftlich eins auf die Schulter und nickte ihm lächelnd zu.

Ein Jahr später kam Jakob aus der Schule. Er ging zunächst zu einem Bauern ins Waadtland, um die Sprache zu erlernen. Es ist dies in unserer Gegend so Brauch. Nachher kam er zurück und wünschte Sattler zu werden. Herr Kunz sorgte ihm für eine Lehrstelle. Jakob erlernte das Handwerk, ging nachher zur Vervollkommnung als Geselle ins Ausland. Später half ihm der Pflegevater, in einem unserer Dörfer eine eigene Werkstatt zu eröffnen. Jakob hat dann eine einstige Mitschülerin geheiratet. Er führt das Leben eines braven und angesehenen Bürgers und Familienvaters und ist Herrn Kunz und seiner Frau herzlich verbunden geblieben.

An ihm können wir ein Stück Gewissensentwicklung verfolgen. Als der Zehneinhalbjährige, mit vielen Fehlern behaftet, in unsere Gemeinde und zu Herrn Kunz kam, war er ein Menschenkind, das sich nirgends hatte ›anwurzeln‹ können, weil es von einer Pflegestelle zur anderen gebracht worden und man ihm gar nie die nötige Zeit gelassen hatte, sich an einen bestimmten ›Heimat‹-Ort und an bestimmte Menschen zu binden. Jakob begegnete jeder Umgebung mit Mißtrauen und Feindschaft. Er kannte keine andere Haltung, als sich auf jeden Fall mit Schlauheit und gleichviel mit was für Mitteln selber zu behaupten. Dazu plagten ihn allerhand soziale Minderwertigkeitsregungen, gegen die er sich wehrte.

Die Umwelt, das Verhalten seiner nächsten Mitmenschen bekräftigten ihn in seiner Haltung, bestätigten seine traurige Auffassung vom

›Leben‹. Er fristete ein Dasein zwischen gerissenem Sichdurchsetzen, Ertapptwerden und harten Strafen. Es liebte ihn niemand, und er liebte niemanden.

Nun kommt er an eine Pflegestelle, wo er ausnahmsweise einmal Milde und Liebe erfährt; es ist keine sentimentale Liebe, eher eine ›gerechte‹, sachliche. Noch traut er zuerst dem guten Wetter nicht. Die Güte des Bauern hält er für Schwäche, die Großzügigkeit für Nachlässigkeit. Auch dem Lehrer mißtraut er und macht Versuche, wie weit er, der Schüler, gehen dürfe, bis der Lehrer in Zorn gerate und so reagiere, wie Jakob es durch Erfahrung gewohnt ist.

Aber sowohl im Pflegeelternhaus, als auch in der Schule wird ihm mit unerschütterlicher Ruhe begegnet, mit Zuversicht, ohne Angst, und mit überlegenem Verständnis. Dadurch wird Jakobs bisherige ›Welt-Anschauung‹ allmählich aus den Angeln gerissen. Er ist gezwungen, sich eine neue aufzubauen an Hand der neuartigen Erfahrung, die er macht.

Er fühlt, man liebe ihn, denn er erlebt alltäglich Beweise dafür. Und er fängt auch an zu lieben. Er liebt und achtet zunächst seinen Pflegevater, die Pflegeeltern, dann auch den Lehrer. In dem Maße, wie er sich in Liebe binden kann, verinnerlicht er die moralischen Forderungen, die weniger auf dem Wege von Belehrungen, von Worten, Geboten usw. an ihn herantreten denn als Beispiel. Er wünscht, ohne sich dessen bewußt zu sein, den geliebten und geachteten Personen seiner Umgebung zu gefallen, um damit die Bande der gegenseitigen Liebe fester zu knüpfen, und er ist gescheit genug, einzusehen, daß er dies nicht mit Stehlen und ähnlichen Handlungen zu tun vermag. Als Liebesbeweis dem Pflegevater gegenüber läßt er das Rauchen, vielleicht auch, weil ihm die Versetzung in eine Anstalt droht, also aus einem einfachen egoistischen Grunde. Es sind jedoch nicht ausschließlich egoistische Motive, die den Knaben bessern. Denn es war ja – vorher – auch Egoismus gewesen, der ihn veranlaßte, sich der Umwelt gegenüber schlimm zu verhalten.

Gerade der Zwischenfall im Kuhstall mag dies deutlich machen. Jakob steht im Begriff, einen daliegenden Franken zu entwenden, wird erwischt und erhält eine Ohrfeige.

Wie ist jetzt die Reaktion darauf? Die Reaktion des Burschen, der einst auf Körperstrafen damit reagierte, daß er davonlief, das Werkzeug im Stall herumfliegen ließ und feststellte, daß die Schnetzmaschine »ringer« lief? Jakob ist imstande, die Ohrfeige seines Meisters zu akzeptieren. »Wie bin ich froh, daß er mich erwischte und strafte, und ich so kein Dieb wurde!« äußert sich der einstige Dieb.

Ist es nur Heuchelei, wenn Jakob so schreibt?

Nein, er meint es ehrlich. Es hat sich in ihm eben etwas geändert. Er wünscht selber, kein Dieb mehr zu sein. Und er vermag die Ohrfeige darum ohne Trotz und Widerspruch innerlich zu akzeptieren, weil er seinen Pflegevater *liebt* und sich von diesem *geliebt* fühlt.

Eine Zwischenbemerkung: es wird oft heftig darüber diskutiert, ob es statthaft sei, ein Kind körperlich zu strafen. Man ist im allgemeinen geneigt, insbesondere den Lehrern die Anwendung von Körperstrafen gesetzlich zu verbieten. Als ob die Lehrer nicht auch auf andere Art ein Kind, das sie peinigen wollen, mit viel schlimmeren Mitteln quälen könnten! – Ich glaube, eine Körperstrafe sei dann wie irgendeine andere erlaubt, wenn das Kind den Strafenden liebt und davon überzeugt ist, es werde auch von ihm geliebt. Es kommt darauf an, daß eine Liebesbindung zwischen Erzieher und Kind besteht – dann empfindet das Kind die Strafe eher als Erleichterung und Sühne denn als Gewaltanwendung von seiten des Erwachsenen. Wenn Pestalozzi sich dahin äußerte, es sei nur den *Eltern* erlaubt, ihre Kinder zu betrafen, ging er wohl vom gleichen Gedanken aus. Vorbedingung für die Strafbefugnis ist ein gegenseitiges Bindungsverhältnis.

Damit will ich der Körperstrafe und anderen Vergeltungsstrafen nicht etwa das Wort reden, und ich darf gestehen, daß ich überhaupt grundsäztlich *gegen das Strafen* bin. Ich habe den Eindruck, daß wir bei der Erziehung nur allzu leicht zu Strafen geneigt sind – daß wir damit mehr unseren eigenen Affekten Abfuhr verschaffen, als dem Kinde und dessen Gewissensbildung dienen – und daß wir mit einer zu früh verabfolgten Strafe oft verhindern, daß sich das Kind in seinem Gewissen mit sich selber auseinandersetzen muß und damit seine moralische Instanz verfeinern könnte. Es findet, *nach* der erlittenen Strafe, der ›Fall‹ sei abgetan, gesühnt, ›erledigt‹, und es beschäftigt sich nicht länger und weiter damit – es ›wächst‹ nicht an der Strafe. Wenn aber ein Kind an der Strafe nicht wachsen kann, hat sie keinen Sinn.

Kehren wir zu Jakob zurück. *Weil* er seine Pflegeeltern liebt und achtet, erwacht in ihm ein heftiger *Identifikationswunsch*. Der Bub introjiziert die moralische Haltung der Pflegeeltern und fühlt sie als eigenen Gewissensanspruch. Gesittet zu sein, sich ehrlich und ›gut‹ zu verhalten, entspringt dann einem persönlichen Wunsche und Willen, nicht der Strafangst.

Einzig *der* Mensch ist wahrhaft gut, der es aus einem inneren Bedürfnis ist. Der andere ist nur feige. Er fügt sich dem Gesetz, weil er die richterlichen Folgen bei Böse-Sein fürchtet oder die Strafe Gottes.

Er ist ein aus äußerlichen Gründen verhinderter Delinquent, nicht mehr, selbst dann, wenn er sein Lebtag lang um keines Haares Breite von ›Gottes Wegen‹ abweicht und die Rolle des braven Bürgers spielt. *Ihn hält Angst im Zügel*, nicht das ins wahrhaft Religiöse gesteigerte Gemeinschafts- und Verantwortungsgefühl, das der Liebe entspringt. Wo Angst ist, ist Gott nicht, sagt die Bibel, und die Psychologie bestätigt es.

Die ›Liebe‹, auf die es ankommt, ist eine verzichtende – eine zu Verzichtleistungen befähigende Liebe, insbesondere jene, die der Erzieher auszuüben hat. Er muß sich zu ihr durchringen können. Der *›pädagogische Eros‹* ist nicht von egoistischen Affekten, sondern vom ethischen Gedanken, vom *›Logos‹* gesteuert. Aber auch die vom Kinde oder Zögling ausströmende Liebe zum Erzieher ist eine ›verzichtende‹. Sie will letzten Endes das Liebesobjekt, den Erzieher, nicht auf die Dauer ›besitzen‹, ihn nicht mit Beschlag belegen in der Art, wie das Kleinkind seine Mutter mit Beschlag zu belegen wünscht. Die Liebesbeziehung, die ich kennzeichnen möchte, hat eine andere Färbung.

Man kann sie vielleicht am besten schildern, wenn man auf die psychischen Vorgänge bei einem Trauerfall hinweist. Freud hat es in seinen Abhandlungen über *Trauer und Melancholie*[3] und über den *Untergang des Oedipuskomplexes*[4] getan.

Was vollzieht sich in uns, wenn wir einen geliebten Angehörigen durch den Tod verlieren? Nach der Zeit der Verwirrung über den Schicksalsschlag und der Trauer fühlen wir, daß wir den Verstorbenen nicht völlig verloren haben. Er *›lebt in uns weiter‹*, sagen wir. Ohne es zu merken, idealisieren wir ihn und nehmen ihn zu unserer moralischen Richtschnur. Wir *introjizieren* ihn als *Imago*.

So hat es auch Jakob mit seinem Pflegevater getan. Als Jakob als Sechzehnjähriger ins Welschland kommt, nimmt er seine früheren schlimmen Gewohnheiten nicht mehr auf, obwohl er nicht weiter in der Nähe seines Liebesobjektes und der geachteten Respektspersonen weilt. Er trägt den Pflegevater gleichsam als Bestandteil seines Gewissens in sich selber, und er verhält sich nicht anders, als wenn dieser Pflegevater neben ihm stände, ihm mitteilte oder sonstwie zu erkennen gäbe, was er vom Pflegesohn erwartet.

Es hat sich gezeigt, daß es im Leben und in der Entwicklung des Menschen zwei Zeiten gibt, während derer das Autoritative in besonders starkem Maße introjiziert und zum eigenen Gewissensanspruch

[3] Gesammelte Schriften, Band 10, London 1941.
[4] Ebenda, Band 13.

gemacht wird. Es sind dies die Jahre, wo die Latenzzeit anfängt, und wo die Pubertät abschließt. Während dieser Lebensabschnitte zerfällt normalerweise der Oedipuskomplex.

Dieser umfaßt die Beziehungen des Kindes zu seinen Eltern oder Eltern-Stellvertretern aller Art.

Der Einfachheit halber sei die Elternbeziehung des Kindes, der sogenannte ›vollständige‹ Oedipuskomplex geschildert.

Zunächst: über die Frage, ob der Ausdruck ›Oedipuskomplex‹ gerade der glücklichste sei, darüber wollen wir nicht diskutieren. Vielleicht wäre der deutschsprachige Ausdruck ›Kind-Eltern-Beziehung‹ zu kompliziert gewesen. Haeberlin fand die Bezeichnung *»Generationen-Konflikt«* [5] und wollte sie an Stelle des Terminus ›Oedipuskomplex‹ setzen. Aber die Begriffe decken sich keinesfalls. Der »Generationenkonflikt« ist nur ein zeitlicher Abschnitt des »Oedipuskomplexes« und dessen Ablaufes. Freud hat den Ausdruck ›Oedipuskomplex‹ geprägt, und er fußt auf einer altgriechischen Sage. Sie lautet:

Das delphische Orakel kündet dem König von Theben, Laios, an, sein Sohn, Oedipus, werde ihn töten und die Königin, Jokaste, heiraten. Die Eltern wollen diesem Schicksal entgehen. Sie lassen ihr Söhnchen im Gebirge aussetzen. Ein Hirte findet das Knäblein und bringt es an den Hof des Königs Polybos von Korinth. Es ist an den Füßen beschädigt, darum bekommt es den Namen ›Schwellfuß‹ (= Oedipus). Es wächst zum Manne heran, und Oedipus glaubt, des Polybos Sohn zu sein. Da verkündet ihm das Orakel, was es schon Laios mitgeteilt hatte. Oedipus flüchtet, will ein anderes Land aufsuchen, um damit zu verhindern, daß der schaurige Orakelspruch in Erfüllung gehe. Er strebt der Stadt Theben zu. Unterwegs trifft er die Sphinx, die ›Würgerin«, die jeden Vorübergehenden mit einer Frage bedrängt. Wer sie nicht zu lösen vermag, wird von ihr zerrissen. Oedipus wird gefragt: »Zuerst geht es auf vier, dann auf zwei, zuletzt auf drei Beinen«, und er errät, es sei dies der Mensch; als Kind gehe er auf vier, als Mann auf zwei, und als Greis am Stocke auf drei Beinen. Die Sphinx, geschlagen, stürzt sich in den Abgrund, und der Weg des Oedipus ist frei. Er schreitet weiter. Es stellt sich ihm ein Jäger in den Weg. Oedipus erschlägt ihn und erreicht Theben. Die Stadt trauert um den König Laios, der von einer Jagd nicht mehr zurückgekehrt ist. Zugleich feiert sie den Helden Oedipus, der die Gegend von dem Blutopfer heischenden Ungetüm, der Sphinx, befreit hat. Oedipus wird zum neuen König ausgerufen, man vermählt ihn mit Jokaste. Da kommt eine Pestzeit über die Stadt, und der Seher

[5] *Eltern und Kinder*, Basel 1922.

Teiresias eröffnet dem Herrscherpaar, warum diese Götterstrafe das Land heimsucht: daß Oedipus seinen Vater getötet und die eigene Mutter geheiratet hat. Jokaste erhängt sich, Oedipus blendet sich und irrt, von seiner Tochter Antigone geführt, herum, bis er auf Kolonos eine Ruhestätte findet. Die Sage hat viele Dichter beschäftigt, so Aeschylos, Sophokles und Euripides, die sie dramatisierten; im Mittelalter verband man sie mit dem Judas-Motiv, und de Voragine benutzte sie in seiner *Goldenen Legende*. Corneille und Voltaire, später André Gide und Hofmannsthal arbeiteten sie zu Dramen aus; Strawinskij schuf über das Oedipusthema ein Oratorium. Bei näherer Untersuchung fällt uns auf, daß auch Schiller in seinem *Tell* und Shakespeare in *Hamlet* das Oedipusmotiv behandeln.

Sagen, erklären uns die Literaturwissenschaftler, seien kollektive Dichtungen. Wenn wir uns als Psychologen fragen, wieso eine kollektive Dichtung zustande komme, finden wir als Motiv, die Schöpfer müßten von einer gemeinsamen Idee erfaßt gewesen sein, die in der Sage Gestalt gefunden hat. Die ›Oedipus-Idee‹, die möglicherweise auf reale Geschehnisse zurückgeht – wir wissen es nicht sicher – mußte jedenfalls einen ganzen Kulturkreis ergriffen und intensiv beschäftigt haben.

Wir fragen uns weiter: wieso packte die Oedipus-Idee die Dichter aller Zeitalter, und weshalb sind selbst wir heute Lebenden von den entsprechenden Dramen ergriffen, aufgewühlt? Ist es nicht so, daß das Geschehen auf der Bühne bestimmte Saiten in uns zum Schwingen bringt – und daß also die Idee uns selber wie den Sagenschöpfern und Dramatikern bekannt ist? Wäre es anders, brächten wir für die Sage und die Dramen kaum das starke Miterleben auf, ließen uns nicht von dunklen Schauern packen.

Freud fand bei seiner praktischen Arbeit der Neurosen-Therapie für Erwachsene und Kinder regelmäßig etwas, das ihn an die Oedipus-Sage erinnerte. Es handelte sich um eine Summe von Regungen, Beziehungen, Verhaltensweisen, Einstellungen, Gefühlen, Gedanken, Tendenzen, die im Leben jedes Menschen bald deutlicher, bald weniger sichtbar wirken, und die seine Position zu den Eltern betreffen.

Der Knabe liebt in der Regel die Mutter mehr als den Vater, die Tochter den Vater mehr als die Mutter. In seinem infantilen Egoismus und seiner Egozentrizität will das Kind seine Liebesobjekte ganz, ungeteilt, besitzen.

Verfolgen wir die Entwicklung beim Sohne. Er möchte die Mutter für sich haben und sieht sich dabei vom Vater gestört. Infolgedessen wünscht er den Vater weg.

Aber zugleich liebt er auch den Vater, sieht sich dabei von der Mutter gestört, wünscht deshalb auch die Mutter weg. Des Sohnes Gefühle zu seinen Eltern sind *ambivalent*[6]. Und was für ihn gilt, gilt auch für die Tochter.

Damit ist der ›vollständige Oedipuskomplex« umschrieben: er umfaßt die ambivalente Bindung an die Elternteile und ist etwas durchaus ›Normales‹. Der Ambivalenzkonflikt wird nun in der Regel von den gesunden Kindern – den nicht neurotisierten – so bearbeitet, daß sie im Alter von ungefähr fünf bis sieben Jahren darauf verzichten, die Eltern ganz für sich in Anspruch nehmen zu wollen. Es findet ein Introjektionsvorgang statt: die Kinder, statt die Eltern besitzend lieben zu wollen, identifizieren sich mit ihnen, sie in ihrem eigenen Seelischen aufrichtend. Sie, die introjizierten Eltern, werden zur höchsten Gewissensinstanz.

Es erfolgt dann allmählich der Vergleich zwischen der introjizierten ›Eltern-Imago‹[7] und den wirklichen Eltern. Die Kritik hebt an, das Kind findet an den wirklichen Eltern Mängel. Unterdessen ist das Gewissen durch Introjektion weiterer autoritärer Imagines, durch Lektüre, Heldenverehrung, Religionsunterricht usw. verfeinert und ausgeweitet worden. Der innere Konflikt, der entsteht aus der Kritik an den Eltern, wird im Pubertätsalter zur Blüte getrieben, weil zu dieser Zeit das Kind sich endgültig von den Eltern abzulösen hat, um seine Libidokräfte anderweitig unterzubringen – zunächt in den Beruf, später an ein neues Liebesobjekt, an ein exogames.

Sobald die Ablösung beendet ist, gewinnt das nun erwachsen gewordene Kind ein neues, ruhigeres und – gesunde Entwicklung und gesunde Verhältnisse vorausgesetzt – ein ›freundschaftliches‹ Verhältnis zu seinen Eltern, das der Innigkeit nicht zu entbehren braucht.

Es ist wohl nicht nötig, darauf hinzuweisen, daß diese normalgesunde Entwicklung scheitern kann und daß dann aus dem nicht richtig oder nicht vollständig verarbeiteten ›Oedipuskomplex‹ Charakterstörungen, Neurosen und dergleichen Erscheinungen entstehen *können*. Kommen die betreffenden Menschen dann in psychotherapeutische Behandlung, wird darin hauptsächlich und regelmäßig der unerledigte Oedipuskomplex, der oft zum Zerrbild entstellt ist, auffällig.

[6] zwiespältig. Von ›Ambivalenz‹ spricht man, wenn zwei gegenteilige Gefühle zeitlich zugleich wirksam sind.

[7] Ein ›Imago‹ ist ein ›seelisches Bildnis‹, das mit dem ›objektiven‹ Bildnis nicht übereinzustimmen braucht. So hält z. B. das Kleinkind seine Eltern für ›allmächtig‹, obwohl sie dies in Wirklichkeit nicht sind.

Was uns an der normalen Entwicklung und Erledigung der ödipalen Regungen in einem Kinde interessiert, das ist der Einfluß auf die Gewissensentwicklung, so wie ich sie angedeutet habe. Wenn beim fünf- bis siebenjährigen Kinde der Oedipuskomplex »untergeht« (um mich eines Ausdruckes Freuds zu bedienen), wird für das Gewissen der erste starke Pfeiler aufgerichtet. Das Kind, statt daß es sein Liebesobjekt besitzen will, identifiziert sich mit ihm, gleicht sich dabei den vom ehemaligen Liebesobjekt vertretenen moralischen Ansprüchen an, nimmt diese als eigene Gewissensforderungen in sein Seelisches auf. Wir haben bei dem Knaben Jakob sehen können, wie sich diese Entwicklung etwas später als gewöhnlich doch noch vollzog, nachdem sie im richtigen Alter nicht hatte stattfinden können. Sie konnte dies nicht, weil der durchaus liebes*fähige* Knabe keine erwachsenen Liebes*objekte* als Elternstellvertreter gewinnen konnte, da man ihn von einer Stelle an die andere schubste. Er entwickelte dann nur die eine Seite der Oedipuseinstellung: die ablehnende, hassende, feindschaftliche, mißtrauische gegenüber den Autoritäten. Daraus entsprang nicht nur die Schwererziehbarkeit, sondern auch das mangelhaft funktionierende Gewissen.

Der Pflegevater, Herr Kunz, gab dann dem Knaben Gelegenheit, sich an ihn zu binden, nachzuholen, was unterblieben war, und sich später wieder von ihm zu lösen. Die Oedipusgeschichte konnte im ›verkürzten Verfahren‹ abrollen.

Die Schwierigkeiten, welche Jakob einen ersten Erziehern gegenüber machte, entsprachen der einen Seite eines unerledigten Oedipuskomplexes, wir können sagen: dem Haß auf den Vater. Sie waren Reaktionen *gegen* den Vater (*die* Väter, die elterlichen, die autoritären Gewalten). An Herrn und Frau Kunz erlebte der Knabe dann die andere Seite, die Liebe, das Schätzen und Achten, den Identifikationswunsch und die Identifizierung, als deren Folge die Verfeinerung und Normalisierung seines Gewissens stattfand.

Ohne *Liebe*, so sahen wir, kann ein Kind kein richtiges Gewissen entwickeln. Es kann dies auch dann nicht, wenn es ihm an der Gelegenheit mangelt, seinen *Oedipuskomplex* auf gesund-normale Weise abzuwandeln und abzubauen.

Wenn wir vom ›Oedipuskomplex‹ sprechen, liegen Gedankengänge nahe, die uns als hochgradig verpönt erscheinen.

Wir wollen aber, da wir Pyschologen sind, nicht allsogleich moralisch werten, sondern alle Erscheinungen und Dinge *sachlich* betrachten und erörtern. Nehmen wir uns die Mütter zum Vorbild: sie reinigen ihren Säugling, obwohl dieses Geschäft gewiß nicht gerade appetitlich ist. Ebenso tut der Chirurg; falls er einen Blinddarm herausnehmen muß, lehnt er seine Aufgabe nicht mit der Begründung ab, seine Arbeit wäre mit schlechten Gerüchen verbunden. Verhalten wir uns wie die Mütter und Chirurgen!

Was uns am Begriffe ›Oedipuskomplex‹ stört, ist die weitverbreitete Auffassung, das Kind, der Knabe, wolle die Mutter, die Tochter begehre den Vater ›sexuell‹ zu besitzen.

Das Kind jedoch steht noch gar nicht auf der ›genitalen‹ Entwicklungsstufe. Der Knabe will die Mutter als Nährerin, also, oral, oder er will beide Eltern – gesondert – als Spielkameraden gänzlich, ungeteilt, für sich haben.

Wir sehen: normalerweise ist der sogenannte ›Oedipuskomplex‹ nur angedeutet und keinesfalls im grobsexuellen Sinne gemeint; Freud selber sagt uns, daß dieser Komplex mit beginnendem fünften Lebensjahr – also lange vor dem Erreichen der genitalen Entwicklungsstufe – zu ›zerfallen‹, ›unterzugehen‹ beginnt.

Zu etwas Bedenklichem oder Krankhaftem, Abwegigem wird er erst unter der Bedingung, daß der ›Zerfall‹ durch Störungen irgendwelcher Art verhindert ist und er sich erhalten kann so lange, bis der Heranwachsende die genitale Organisation erreicht hat. Aber selbst dann ist es meist so, daß die entsprechenden Gefühle oder Impulse *nicht aktiviert, sondern ins Unbewußte verdrängt* werden und von dort aus neurotische Symptome bewirken. Nur bei Kriminellen kommt es ab und zu vor, daß ein Sohn seinen Vater haßt und tötet oder daß an einem Mutter-Ersatzobjekt, etwa an einer Schwester oder an einer anderen Blutsverwandten der Inzest durchgeführt wird.

4. Kapitel: Anzeichen eines unbewußten Moralischen im Menschen: der Geständniszwang

Es kommt ja auch immer und immer wieder vor, daß sich unsere Gerichte mit Fällen von Vater-Tochter-Inzest zu beschäftigen haben. Mit Recht wird dann der schuldige Vater bestraft, denn er sollte als Erwachsener sich besser meistern können – und die Gegenseite des ›Oedipuskomplexes‹ ist der ›Laioskomplex‹: der sich ab und zu zeigende Wunsch dieses oder jenes Elternteiles auf das gegengeschlechtliche Kind, etwa die mehr oder weniger deutlich werdende Verliebtheit der Väter in ihre Töchter, der Mütter in ihre Söhne. Selbstverständlich braucht diese Verliebtheit nicht unbedingt zu ›sexuellen‹ Dingen zu führen – oft äußert sie sich nur darin, daß etwa eine Mutter ihren Sohn keiner anderen Frau gönnen mag – oder daß der Vater seine Tochter um keinen Preis an einen Schwiegersohn abtreten möchte – daß der Sohn findet, jedes junge Mädchen passe nicht zu ihm, weil es der Mutter nicht gleiche, und daß die Tochter nicht zur Heirat kommt, weil sie keinen Partner entdeckt, der so ›ideal‹ ist wie der geliebte Vater. In beiden Fällen bleibt die seelische Bindung bestehen, welche den Ausdruck eines unerledigten Oedipuskomplexes bedeutet und einer Entwicklungshemmung entspricht.

In diesem Zusammenhange ist interessant, daß wir uns daran erinnern, wie es bei den alten ägyptischen Pharaonen Gesetz war: sie hatten ihre Schwestern zu heiraten. In unseren Gegenden bestand einst das ›*Jus primae noctis*‹: ein Vater-Stellvertreter hatte das Recht, bzw. die Pflicht, die reifwerdenden Mädchen zu entjungfern; oft war er der Landesfürst, wobei in Betracht zu ziehen ist, daß die Reiche dieser Fürsten sehr klein waren – oder es war der adlige Gutsbesitzer, der über ein paar Dörfer ›regierte‹.

Wenn wir – heute – solche Bräuche und Zustände ablehnen, hindert dies nicht, daß sie einst bestanden und damals als etwas Selbstverständliches von den Gewissen toleriert wurden.

Und wenn ich andeutete, es wäre möglich, daß die Oedipussage auf reales Geschehen zurückgehen könnte, war dies viel mehr als nur eine ganz vage Vermutung. Es sei ferner daran erinnert, was gewisse Negerstämme mit ihren ›Königen‹ bis in die geschichtliche Zeit – nämlich bis zum Eindringen der ersten weißen Missionare – trieben: dem Königssohn oblag es, den Vater zu töten. Dieser Vater war gewöhnlich der Sippenvater. Die Angehörigen seines meist sehr begrenzten Regierungsgebietes waren seine Blutsverwandten. Manchenorts hatte der Mörder des Sippenvaters dessen Harem zu übernehmen. Anderenortes folgte auf die Tötung des Königs ein Fest, wobei berauschende Getränke genossen wurden. Es endete damit, daß die Festteilnehmer sich mit den Frauen und Mädchen des eigenen, sonst streng exogam lebenden Stammes in den Busch begaben, um sich sexuellen Orgien hinzugeben. Es fanden also inzestuöse Handlungen statt. Nachher folgte die Beschneidung der Knaben. Es sei dies, sagen manche von den betreffenden Völkern, ein Opfer für den getöteten oder auch für den neuen König. Was die Beschneidung ursprünglich für einen Sinn hat, können wir erraten, wenn wir wissen, daß an ihrer Stelle bei den Ureinwohnern von Madagaskar ein Hoden exstirpiert wurde[1]. Wir dürfen formulieren: *pars pro toto* wird der Knabe kastriert.

Wir finden demnach, wenn wir die wild lebenden Völker betrachten, Material genug vor, um uns davon zu überzeugen, daß bei ihnen die vollständige Oedipusgeschichte als Tat geübt wurde, *Tatsache* war, obwohl die Missionare meist nur andeutungsweise und mit Äußerungen ihres Abscheues über die Vorgänge berichten.

Der Sohn oder ein Stellvertreter der Sohnesgeneration tötet den Vater, begeht den Inzest, hat da und dort traditionsmäßig den Harem des getöteten Vaters zu übernehmen; und so wie Oedipus durch die Blendung für den begangenen Greuel büßt, sühnt die Generation der Söhne durch das Beschneidungsopfer.

Ich habe hier nur zusammengefaßt und rekapituliert, was in der vorzüglichen Zusammenstellung von Zeller[2] aufgezeichnet steht und sich auf Berichte von vielen Forschern stützt, so von Frobenius, Alldridge, Weiß, Merker, Reche, Weule, Passarge, Junot, Pater Schweiger, Kolb, Finsch, Ploß-Renz, Camboue, Schmidt, Sibree u. a. m. Man vernimmt von ähnlichen Sachverhalten aber auch bei Schurtz[3] und in dem berühmten *Golden bough* von Frazer[4].

Wir könnten nun einwenden:

1. Was bei den Negern da und dort geschah oder noch geschieht, darf nicht verallgemeinert werden.

Aber gerade Zeller weist nach, daß die Bräuche bei anderen wildlebenden Völkerschaften, bei den Ozeaniern, Australiern und Indianern, auch bei mongolischen Stämmen bald deutlicher, bald mehr nur

[1] Zeller, *loc. cit.*
[2] *loc. cit*
[3] *Urgeschichte der Kultur.* Leipzig 1912.
[4] Deutsche Ausgabe unter dem Titel *Der goldene Zweig* erschien in Leipzig 1928.

in Andeutungen, auch üblich waren oder sind. Man darf sagen, sie waren über die ganze Welt verbreitet.

2. Wir sträuben uns, daran zu denken, daß entsprechende Sitten und Bräuche einst auch im europäischen Kulturkreis heimisch gewesen sein könnten.

Daß sie bei den alten Griechen gepflogen wurden, daraufhin deutet die Oedipussage als dunkler Rest, gleichsam als Petrefakt. In verkleideter Form haben wir Schweizer die Tellsage; der Landes*vater* Geßler wird von dem Landes*sohn* Tell getötet. Aber die Sage wird ja auch bei nordischen Völkern und in Holland als Schöpfung der dort Heimischen beansprucht.

Gehen wir noch von einem anderen Gedanken aus. Darwin und Haeckel haben das ›biogenetische Grundgesetz‹ gefunden. Es besagt, daß der Mensch in seiner körperlichen Entwicklung alle Stadien vom Fisch und Lurch bis zu seiner vollkommenen Menschengestalt durchmacht. Das biogenetische Grundgesetz gilt aber auch für die geistige und für die völkerpsychologische Entwicklung, wie unter anderen Freud[5] nachgewiesen hat[6].

Wir müssen uns als Kulturmenschen mit der Tatsache abfinden, daß auch unsere Urahnen in dunkler, vorgeschichtlicher Zeit einst auf der gleichen Stufe standen, wie wir sie heute noch bei den Primitiven sehen können. Daß dem so ist, beweisen bestehengebliebene Spuren anderer primitiver Bräuche, so etwa der des in Korsika, Süditalien, im Baskenland und anderswo in Europa heimische des ›Männerkindbetts‹[7]. Dieses hat den Sinn und Zweck, die Neugeborenen, in denen die primitiven Völkerschaften die wiedergeborenen feindschaftlich gesinnten Ahnen sahen, vor der Aggression der Väter zu schützen (Reik).

Denn – wie bereits bemerkt – ensprechend dem Oedipuskomplex der Söhne gibt es auch einen *›Laioskomplex‹* der Väter. Laios ist es, der seinen Sohn Oedipus aussetzt in die Wildnis und der ihn an den Füßen verstümmeln läßt.

Wenn wir also in die Völkergeschichte und Ethnographie eindringen, finden wir handgreifliche Beweise dafür, daß die Oedipustat viel mehr ist als nur ein Phantasieprodukt kollektiver Dichtung. Sie war einst reale Tatsache[8].

[5] *Totem und Tabu*. Gesammelte Schriften, Band, 9, London 1940.
[6] Es gibt Stimmen, die bestreiten, daß das biogenetische Grundgesetz für das Seelische gelte. – Ich bin der Überzeugung, daß sie irren. Die Völkerentwicklung und -geschichte und die direkte Beobachtung der Kleinkinder bringen genügend Beweismaterial.
[7] Materialsammlung in Reik, *Die Couvade*. Wien 1924.
[8] Siehe auch Zeller, Wilfried, *Konstitution und Entwicklung*. Seite 32, Göttingen 1952.

Aus den gleichen Quellen ist beweisbar, daß der psychische Vorgang der Introjektion und Identifikation einst sein real-körperliches Korrelat hatte. Vielenorts und auf dem ganzen Erdenrund, wo noch sehr primitive Völker wohnen, besonders aber bei den Australnegern und gewissen Indianern am Amazonas ist es Brauch, Teile des verstorbenen Vaters zu verspeisen. Denn es herrscht der Glaube, daß man sich durch diese Prozedur die Kraft und die Macht des Toten aneignen könne. »Man ist, was man ißt!« – dieser Ansicht war ja auch Ludwig Feuerbach[9].

Völkerschaften, welche die kannibalistische Stufe bereits überschritten haben, huldigen in der Regel dem *Totemismus*. Sie bezeichnen ein Tier, ursprünglich war es ein *reißendes* Tier, als ihren Stammvater. Das Totemtier wird geschont, aber zu gewissen Zeiten rituell erlegt und dann verspeist. Das Totem-Mahl dient der innigen Vereinigung mit dem ›Stammvater‹, und die Eigenschaften des Totemtiers werden erworben.

Psychologisch bedeutet dies eine Ich-Bereicherung.

Diese können wir in unseren Kreisen nach dem Ableben eines Angehörigen auch feststellen, und als Überrest des Tot*em*-Mahles haben wir das Tot*en*-Mahl – obwohl wir längst nicht mehr wissen, was es bedeutet. Aber die stattgefundende Ich-Ausweitung der Teilnehmer macht sich dadurch bemerkbar, daß während des Mahles oder nach dem Mahle die Trauer in Euphorie umschlägt. Der psychologische Aspekt dieser Veränderung erklärt sich aus dem Vorgang der vollzogenen Introjektion und Identifikation[10]. Bekanntlich hat die dabei stattfindende lustbetonte Ich-Ausweitung ab und zu sehr sichtbare Folgen. Die alte Patrizier-Regierung in Bern hat u. a. in verschiedenen Dörfern zu wiederholten Malen mit schweren Bußen einschreiten müssen, weil nach Toten-Mahlen getanzt, randaliert und allerhand übermütiger Unfug getrieben wurde.

Die Introjektion und Identifikation entspricht, wie dargelegt wurde, einem Im-eigenen-Seelischen-Aufrichten des Verstorbenen. Dieser Vorgang findet jedoch auch dann statt, wenn sich *irgend*eine Identifizierung vollzieht. In der Freudschen Terminologie ausgedrückt, wird das Identifikationsobjekt dem ›*Über-Ich*‹ einverleibt.

Mit der Bezeichnung ›Über-Ich‹ werden alle die teils bewußten, viel mehr aber unbewußten Kräfte umrissen, die des Menschen all-

[9] Sämtliche Werke, 1911
[10] Freud, *Trauer und Melancholie*. Gesammelte Schriften, Band 10, London 1940.

mählich werdendes ›Leitbild‹ ausmachen, also sein ›Ich-Ideal‹, sein ›Gewissen‹ und all die ›höheren Ansprüche‹, die er an sich selber stellt, und die von der ›normativen Tendenz‹ her Unterstützung erfahren.

Wenn das ›Über-Ich‹ teilweise eine unbewußte Instanz bleibt, *dann ist auch ein Teil unseres Gewissens unbewußt.*

Am deutlichsten wird uns das Wirken des unbewußten Gewissens am *Geständniszwang und Strafbedürfnis evident*[11]. Wir sehen es schon bei den Kindern wirksam. Ich lasse einige Berichte folgen:

An einem Morgen kam der dreizehnjährige Franz ganz betroffen zur Schule und meldete mir, er habe soeben die Schiefertafel zerschlagen. Auf dem Schulhausplatz sei er gestolpert, und die Tafel, die er unterm Arme getragen, sei in Brüche gegangen. Franz blutete am Ellenbogen. Eine Scherbe hatte ihn geschnitten.

»Ei, das ist kein so großes Unglück!« tröstete ich den Knaben. »Die Wunde wird heilen, und eine neue Tafel wirst du auch erhalten! – Sag einmal, hattest du etwa die Rechenaufgaben nicht gemacht?«

Er blickte mich verwundert an, senkte dann das Gesicht und gestand: »Nein, eben nicht!«

»So mach sie dann halt auf morgen!«

Am Mittag kam Franz zu mir und begehrte zu wissen, wieso ich gemerkt habe, daß er seine Aufgaben nicht gemacht hatte.

Ich zeigte ihm den kleinen Finger meiner Rechten. »Der hat's mir gesagt!«

Franz war sich nicht bewußt, daß er mir ein Geständnis gemacht, in dem er mitteilte, er habe die Schiefertafel zerschlagen.

Eine Fünfzehnjährige, Anna, kam und erklärte empört, die Großmutter habe ihr Aufsatzheft im Ofen verbrannt.

Dies schien mir ein wenig merkwürdig, darum zog ich Erkundigungen bei der Schülerin ein.

»Ich hatte das Heft auf die Ofenbank gelegt«, erklärte Anna. »Da hat sicher die Großmutter nicht weiter geachtet und es zum Anfeuern gebraucht! Als ich es nehmen wollte, war es weg!«

Ich schüttelte den Kopf. »Das kann ich nicht recht verstehen. Wenn das Heft obenauf lag, hätte es die Großmutter doch gewiß sehen müssen!«

Kleinlaut kam die Antwort. »Es lag eben nicht obenauf. Ich hatte es unter Zeitungen versteckt!«

Warum Anna das Heft versteckt hatte? In ihrem Aufsatze hatte sie

[11] Reik, *Geständniszwang und Strafbedürfnis.* Wien 1925.

über einen Streit mit der Mutter geschrieben. In Bern, auf dem Rummelplatz, hatte ein Zirkus seine Zelte aufgeschlagen, und Anna wäre gern in die Tierschau gegangen. Die Mutter aber hatte ihr das Eintrittsgeld verweigert. Im Aufsatz beschwerte sich die Schülerin über die ›geizige‹ Mutter, die ihrer Tochter ›kein Freudlein gönnen‹ wollte. Nachdem die Schülerin den Aufsatz beendet, las sie ihn nochmals durch und schämte sich, mit bösen Worten über die Mutter geschrieben zu haben.

»Es war mir peinlich, wenn ich daran dachte, Sie würden den Aufsatz lesen. Ich dachte auch, die Mutter könnte ihn zu Gesicht bekommen, und darum versteckte ich das Heft unter die Zeitungen!«

Die weitere Untersuchung ergab, daß Anna ganz genau gewußt, die Großmutter benutze das Papier auf der Ofenbank jeweils zum Anfeuern.

Anna erriet selber, was sie mit ihrer »Fehlhandlung« bezweckt: daß sie das Heft mit dem fragwürdigen Aufsatz hatte dem Feuer überantworten wollen, weil ihr Gewissen Einspruch dagegen erhob, es dem Lehrer abzugeben.

Ein Vierzehnjähriger erzählte: »Einmal hatten wir hinter dem Hause an der Sonne Hollunderlimonade, damit sie gäre. Es gab schon Schaum. Uns Kindern war es verboten, davon zu nehmen. Aber mich gelüstete sie sehr, ich sah sie zum Fenster hinaus, als ich die Stube kehren mußte. Vor der Haustüre aber war der Vater, er machte Scheiter. Da konnte ich also nicht durch. Da nahm ich ein Glas und sprang zum Stubenfenster hinaus. Dann trank ich zwei Gläser (voll). Dann bekam ich Angst, der Vater könnte kommen und es merken (= mich ertappen), und da kletterte ich wieder durch das Fenster hinein und schloß es zu. Das war dann weniger verdächtig.

Dann ging ich zur Mutter in die Küche. Die Sophie, mein Schwesterchen, war auch dort. Sie bat die Mutter um Limonade.

Da sagte ich: ›Sie ist ja noch gar nicht gut!‹

›So, woher weißt du das?‹ fragte die Mutter. ›Hast du etwa davon genommen?‹

›Nein, der Vater hätte mich ja gesehen, wenn er vor dem Hause ist!‹ log ich. Aber es war mir bang. Es wäre gescheiter gewesen, es gerade zu sagen, aber dann hätte die Söphe auch davon gewollt und die anderen auch, und dann wäre nicht mehr viel geblieben. Und sie hätten mit mir geschimpft.

Da kam der Vater herein. Er trug ein Glas in der Hand. Das kannte ich wohl, ich hatte es draußen vergessen.

›Wer hat von der Limonade getrunken?‹

Ich dachte, jetzt will ich es sagen, sonst merken sie es an meinem roten Kopf.

Der Vater gab mir eine Ohrfeige.« (Walter J.)

Ein Fünfzehnjähriger schrieb: »Einmal hatte ich Vaters Flobert (Kleinkaliber-Gewehr) genommen und ihm acht Patrönchen verschossen. Dann las ich die Hülslein sorgfältig zusammen, damit er nicht etwa eines finde, und ich steckte sie in die Hosentasche und stopfte das Nastuch darauf. Ich hatte ein schlechtes Gewissen. Besonders am Abend darauf, als der Vater (von der Arbeit) heimgekommen war. Wenn er mir etwas befahl, machte ich alles verkehrt. Als ich ihm die Farbe holen sollte, weil er das Gartentor fertig anstreichen wollte, glitschte ich mit dem Kübel aus und verschüttete fast alle Farbe. Da gab es Schimpfe und Schläge.

Ich dachte, so, da ist jetzt die Strafe für die gestohlenen Patrönchen. Denn, wenn ich nicht so Angst gehabt hätte, so hätte ich nicht alles so dumm angefangen. Da zog ich das Nastuch hervor, um die Augen zu reiben, und da fielen die Hülslein heraus. Das Nastuch zog sie mit.

›Wo hast du denn die Hülslein her?‹ brummte der Vater; ich merkte wohl, daß er wußte, ich habe geschossen. Darum sagte ich es ihm.

Da sagte er, er habe Lust, mich gerade noch einmal durchzuprügeln. Aber es sei in dem Artikel an diesem Abend schon genug gegangen.

Ich dachte, ich lasse in Zukunft das Flobert lieber sein, wenn er es mir nicht freiwillig gibt.« (Paul M.).

Und hier der Bericht eines Sechzehnjährigen: »Eines Tages ging ich in den Wald unf frevelte Eschenholzstämmchen, denn ich wollte mir Skier machen. Als ich schon einen hübsch dicken Stamm umgehauen hatte, war plötzlich der Bannwart da.

Er wollte mich durchprügeln, aber ich stellte mich breit hin und sagte ihm, er solle das lieber nicht probieren, ich wisse sonst schon, was ich mache. Da ließ er es bleiben und wollte nur meinen Namen wissen. Natürlich gab ich ihm nicht den richtigen Namen an. Da reichte er mir sein Büchlein und sagte: ›So, Karl Mühlemann, unterschreibe hier!‹ und er gab mir seinen Tintenstift.

Als ich unterschrieben hatte, lachte er. ›So heißest du nicht, Bürschlein!‹

›Ich werde wohl wissen, wie ich heiße!‹ antwortete ich frech, um ihm zu imponieren.

›Seinen eigenen Namen kann man fehlerlos schreiben!‹ Er zeigte mir das Büchlein, ich hatte das ›h‹ in ›Mühlemann‹ vergessen.

Da war ich im Lack. Er zog mir dann die Löhne (Radachsenkeile) aus meinem Karren. Ich dachte, da habe ich bald hölzerne Löhne geschnitten, wenn er nur weggeht.

Aber da nahm er mir die Mütze weg, und im Futter steht H. R. Ich wollte nicht ohne Mütze heimkehren, und darum sagte ich ihm, wie ich heiße.

Dann ging ich später in einen anderen Wald, um zu freveln, und richtig, wieder erwischte mich der dortige Bannwart. Der kannte mich auch nicht. Und als er den Namen fragte, sagte ich, ich heiße Hans Zulliger. Diesen Namen kann ich schon fehlerlos schreiben, dachte ich. Erst später kam mir in den Sinn, er könnte vermuten, wieso ich diesen Namen angegeben habe, und ich hatte Angst, er komme in die Schule und finde mich.« (Hans R.).

So viel psychologischen Spürsinn hatte der Bannwart jedoch nicht. Ich hörte später, daß sich der Mann auf der Gemeindekanzlei erkundigt hatte, ob ich einen sechzehnjährigen Sohn besitze. Mein Sohn war aber damals erst neun Jahre alt, und als der Bannwart diese Auskunft erhielt, stellte er seine Nachforschungen ein.

Alle diese kleinen Schülerberichte, spontan niedergeschrieben und mit all der Unbeholfenheit, welche sich daraus erklärt, daß wir gewöhnlich in der Mundart sprechen und die Schriftsprache in den Schulen fast wie eine Fremdsprache erst erlernen müssen, machen doch das Walten des unbewußten Geständniszwanges als einer Reaktion des Moralischen plastisch sichtbar.

Keines der Kinder hat beabsichtigt, an den Tag zu bringen, was es dann verriet. Ein dunkler Drang trieb sie zum Selbstverrate.

Daß in uns ein unbewußter Geständniszwang wirksam ist, sei nun noch an einem weiteren Beispiel dargetan. Es handelt sich um ein ›*Gottes-Urteil*‹[12], das ich einst in der Absicht, ein Spiel zu treiben, veranlaßte.

Es geschah in einer Ferienkolonie, die ich leitete.

Ein Bub kam und führte Klage, es sei ihm ein Zweifrankenstück abhanden gekommen.

Die Kolonie-Insassen wurden durch den Vorfall in nicht geringe Aufregung versetzt und knobelten heraus, es könnten drei Kameraden verdächtig sein, den Diebstahl begangen zu haben. Die Bezeichneten bestritten es heftig.

Damit nicht Unfriede Platz greife, auch darum, weil ich vermutete, der Geschädigte könnte das vermißte Geldstück nur verloren oder

[12] Vgl. PSYCHE, Heft 5, Jahrgang 1950, Heidelberg, heute Stuttgart.

verlegt haben, machte ich ruhig den Vorschlag, wir wollten alle einen Fünf- oder Zehnräppler zusammensteuern, und ich würde den Betrag auf zwei Franken ergänzen und dem ›Bestohlenen‹ abgeben. Die Lösung fand den Beifall der Kinder. Nachdem die Sammlung stattgefunden hatte, wurde gespielt, als ob nichts Ungutes vorgefallen wäre. Nach dem Mittag regnete es. Es war jedoch ordentlich warm, und die Buben wünschten, trotz des schlechten Wetters einen Streifzug durch die Wälder zu machen. Es sei beigefügt, daß das Ferienheim an sehr abgelegener Stelle in einer Lichtung stand, und daß das nächste Haus eine halbe Stunde weit entfernt war. Man konnte stundenlang durch die emmentalischen Wälder wandern, ohne jemand anzutreffen (›Kuttel-Bad‹ in Kurzeney-Graben bei Wasen im bernischen Emmental). »Damit die Kleider nicht durchnäßt werden, könnten wir nur mit Badhosen angetan und barfuß gehen!« schlug die Schar vor. Ich war einverstanden, zog nur Sandalen und kurze Hosen an und machte die Wanderung mit. Wir kamen an einem kleinen, vom Regenwasser gebildeten Teich vorüber.

»Das ist eine Badewanne, da müssen wir baden!« riefen die Rangen, und schon waren sie drin und spritzten einander. Das Wasser wurde sofort trüb, der Boden war morastig und schwarz.

»Wir sind Neger!« rief einer und beschmierte sich den Leib mit Schlamm.

Alle machten sich zu ›Negern«, und bei den nassen Kohlenüberresten eines Holzerfeuers bemalten sie sich noch die Köpfe zu scheußlichen Larven.

Ich ließ die Bande gewähren – mochte sie sich austoben!

Dann schritten wir weiter und kamen in eine schmale Lichtung. In der Ferne stand eine Hütte.

»Da sind gewiß Leute drinnen, und die gehen wir jetzt erschrekken!« rief einer.

Ich setzte mich inzwischen in die Heidelbeeren.

Nach einer Weile kamen die ›Neger‹ zurück. »Es sind nur ein paar Rinder in der Hütte gewesen«, meldeten sie. »Aber selbst die haben uns groß angeschaut. Erschrocken waren sie nicht, aber sie hatten wahrscheinlich noch nie in ihrem Leben Neger gesehen!«

Nun schmausten auch die Buben von den Beeren, und als sie genug davon hatten, benutzten sie den Rest, um sich noch viel »schöner« anzumalen. Dann führten sie einen Negertanz auf, klatschten sich dabei auf den Rücken und in die Hände, und schließlich machten wir uns auf den Heimweg. Bei einem Bächlein in der Nähe des Heimes wollten sie sich waschen.

Dort angelangt, reute sie ihr Vorhaben. »Wir müssen uns den Mädchen zeigen!« sagten sie. »Die Kühe sind nicht erschrocken, aber die Mädchen werden erschrecken!«

Da sie ohnehin Seife nötig gehabt hätten, um rein zu werden, stimmte ich bei, und unter Geheul liefen sie dem Heime zu.

Es hatte inzwischen zu regnen aufgehört, die Mädchen empfingen die lärmende Rotte unter Gelächter und kritisierenden Bemerkungen, wie »Schweinekerle« usw. und holten Seifen und Bürsten.

»Jetzt kommt die Mohrenwäsche!« wurde angekündigt. Einer nach dem anderen stieg in den Brunnentrog und wurde blankgerieben. Meine heimliche Befürchtung, es könnte sich jemand erkälten, bestätigte sich später nicht; das Bürsten sorgte wohl genügend für die Durchblutung der Haut.

Am gleichen Abend nun, nach dem Essen, versammelten sich die ehemaligen Neger bei einem Feuerlein am Waldrand. Es wurde geplaudert, und es zeigte sich, daß man den Diebstahl doch nicht vergessen hatte. Man machte mir den Vorwurf, zu wenig genau untersucht zu haben. Dann besprachen die Buben den Nachmittag, und es wurden Pläne für ähnliche Spiele geschmiedet.

Ich hatte nicht im Sinne, sie wiederholen zu lassen, weil mich deuchte, die Schar sollte sich mit dem einen Male begnügen. Anderseits wollte ich nicht einfach verbieten, und ich suchte nach einer Ablenkung.

Aus der Stimmung heraus – und um diese zu schildern, habe ich die Vorgeschichte erzählt – fiel mir ein, daß ich unlängst von ›Gottes-Gerichten‹ bei den Negern[13] gelesen hatte. Davon berichtete ich nun und machte – einem plötzlichen Einfall folgend – den Vorschlag, wir könnten über die drei des Diebstahls Verdächtigten, die sicher alle unschuldig wären, auch ein Gottesurteil abhalten. Damit vermöchten sie, die Neger, vor den anderen Negern ihre Unschuld zu beweisen, und nachher dürfte sie keiner mehr im Verdacht behalten.

Wir wollten sie zwar nicht einer richtigen ›Giftprobe‹ unterziehen, wie die wirklichen Neger sie praktizierten. Sie müßten nur einen Becher Wasser aus dem Waldbrünnlein in der Nähe trinken, und falls einer schuldig wäre, so würde er das Quellwasser gleich zurückgeben. Die Buben jubelten Beifall. Die Drei erklärten sich sofort zur ›Giftprobe‹ bereit, und jemand holte ein Aluminiumbecherchen.

[13] Zischka, *Abessinien*. Leipzig 1935 u. a. a. O. bei Schurtz, Frazer, Winthuis usw.

Bevor nun jeder seinen ›Giftbecher‹ erhielt, sagte ich feierlich »Hokuspokus!« und betrachtete alles als einen Scherz.

Aber plötzlich spie einer der Verdächtigten das Wasser hustend wieder aus. Er konnte es nicht schlucken.

Meine Negerschar war bestürzt, und ich auch. Ich ließ mir nichts anmerken und lachte laut in der Absicht, den schrecklichen Eindruck abzuschwächen, und da lachten auch die Buben mit.

»Wenn du fertig bist«, sagte ich zu dem speienden Knaben, »so hol' den Zweifränkler und gib ihn zurück!«

Der Ausspruch »Wenn du fertig bist« wurde als Witz aufgefaßt und weckte neues Gelächter, selbst beim Delinquenten. Dann stob er davon und brachte das Geldstück. Das gesammelte Geld wurde wiederum rückerstattet.

Dem Dieb sagte ich vor versammelter Schar: »Es ist nicht der liebe Gott gewesen, der dich verraten hat – dein schlechtes Gewissen ist es gewesen!«

Aus der Situation heraus begriffen alle, was ich erklärte.

Nachher sprachen die Kinder nicht mehr darüber, dem Dieb wurde kein Vorwurf gemacht.

Die kleine Episode vermag uns die Wirkung des Über-Ichs zu zeigen und bedarf scheinbar keines weiteren Kommentars. Ich möchte aber doch noch einige wenige Bemerkungen zu dem ›Gottes-Urteil‹ beifügen.

1. Hätte ich geahnt, daß aus dem Spiele Ernst werde, würde ich es nicht durchgeführt haben. Ich betrachte das, was geschehen ist und von mir provoziert wurde, als einen unerlaubten, weil zu weit gehenden Eingriff – ich hatte ihn nicht beabsichtigt.

Denn auch ich vergesse immer wieder, mit was für einer seelischen Anteilnahme Kinder bei ihren Spielen sind und daß Spiele für sie viel mehr als nur ein ›Spiel‹ bedeuten. Zudem nahm ich an, daß die zehn- bis fünfzehnjährigen Ferienkolonie-Kinder bereits über die Stufe hinausgewachsen seien, da ›Spiel‹ völligen Ernst bedeutet.

2. Die Wirkung wäre wohl kaum zustande gekommen, wenn das Spiel nicht im Kollektiv, nächtlicherweise und mit dem angewendeten Brimborium gemacht worden wäre. Alle die erwähnten Umstände steigerten die Stimmung. Der kollektive Glaube wirkte suggestiv-stimulierend auf den Einzelnen, ebenso das Brimborium. Daß die Nacht die Wirkungen des Unbewußten begünstigt, auch die des unbewußten Anteils am Ich, ist eine bekannte Tatsache: nicht umsonst *träumen* wir in der Nacht, und nicht von ungefähr werden in der Morgendämmerung oder am Abend vielen Dichtern und Künst-

lern die schöpferischen Intuitionen eher leichter zuteil als am hellichten Tage[14].

3. Man sieht außerdem, daß zu einem Gottes-Urteil ein mit Autorität bekleideter Mensch als Anwalt des Über-Ichs vorhanden sein muß. Er verstärkt die Wirksamkeit des Über-Ichs, weil er vom Delinquenten sozusagen als lebendiges, ›fleischgewordenes‹ Über-Ich aufgefaßt wird. Dann kann sich der Gewissenskonflikt zum Symptom verdichten.

4. Was unter Primitiven, unter Naturmenschen möglich ist, ist auch unter Kindern unseres Kulturkreises möglich. An unserem Beispiel beweist sich die Behauptung Freuds, daß das Kind in seiner Reaktionsweise dem Primitiven gleichzusetzen ist oder umgekehrt. Die Entwicklungsgeschichte des Kindes entspricht derjenigen der Völker und umgekehrt.

5. Das Beispiel läßt uns ahnen, welch eine übermächtige Bedeutung der Autorität für die Bildung oder Mißbildung des kindlichen Über-Ichs zukommt – und welch eine Verantwortung der Erzieher tragen muß. Er ist sich ihrer wohl kaum je in vollem Umfange bewußt.

6. Den Fehler – sagen wir: die Unvorsichtigkeit, die ich begangen, indem ich ein Spiel anfing, aus dem dann unbeabsichtigterweise bitterer Ernst wurde, suchte ich gutzumachen, indem ich mit Lachen und einem witzigen Ausspruch reagierte, um den Vorfall in den Augen der Kinder zu bagatellisieren. Eine solche Reaktion von seiten der mitbeteiligten Autorität wirkt in der Regel ansteckend.

Das Mitlachen der anwesenden ›Neger‹, in das selbst der Sünder einstimmte, ließ mich hoffen, es sei mir gelungen, den Schock zu brechen: die Teilnehmer wiederum aus der Mystik der Situation in die Realität zurückzuführen. Darum fügte ich dann auch noch die Erklärung bei, es sei nicht der liebe Gott, sondern das »schlechte Gewissen« des Fehlbaren gewesen, was den Selbstverrat zustande gebracht hatte.

7. Die Tatsache, daß die Ferienheimkinder nach dem Vorfall am abendlichen Feuerlein nicht mehr darüber sprachen, hat wohl den Sinn, daß die Angelegenheit für sie als ›erledigt‹ betrachtet wurde. Für das Bewußte der Teilnehmer kam es wahrscheinlich in der Hauptsache darauf an, daß die kriminelle Tat wieder gutgemacht worden war, weniger darauf, in welcher Art und Weise man den Dieb herausgefunden, und daß man ihn nachträglich bestrafe.

8. Es ist wohl verständlich, daß der Dieb nachträglich nicht noch bestraft wurde. Die Erfahrung, die er gemacht, war zweifellos heilsam genug für ihn. Ein dermaßen dramatischer Selbstverrat wirkt auf einen

[14] Le Bon, *Psychologie der Massen*. Leipzig 1912, Seite 17.
Freud, *Massenpsychologie und Ich-Analyse*. Wien 1921.

jugendlichen Rechtsbrecher intensiver als jede Strafe. Wer die Magie der Szene nachzuerleben imstande ist, wird davon überzeugt sein, daß der Delinquent sich in Zukunft hüten werde, sich neuerdings einem ähnlichen Gewissenskonflikt auszusezten. Eher ist zu befürchten, daß er, der Dieb, gestützt auf seine Erfahrung ein übergewissenhaftes Über-ich entwickelt und zu dessen Sklave wird. Einer solchen Entwicklung unter Umständen Vorschub geleistet zu haben, ist der Vorwurf, den ich mir machte.

Ob und inwiefern es mir gelungen, im Hinblick auf die Zukunft des Buben den Schock abzuschwächen, konnte ich nicht wissen.

(Heute kann ich sagen, daß meine Befürchtungen nicht eingetroffen sind. Der einstige Ferienkolonist ist ein Handwerker geworden, der sich vom Durchschnitt der anderen nicht unterscheidet. Er ist nicht besonders nachdenklich und verschlossen, interessiert sich neben seinem Beruf für Sport, gilt als frohmütiger Kamerad und gefällt sich im Militärdienst als ›Kompagnie-Kalb‹.

Er scheint also aus dem Erlebnis im Ferienheim keinen bleibenden Schaden davongetragen zu haben.)

9. Noch ein Wort über die Person des Diebes. Er ist der Sohn eines jener primitiven Väter, die ihre Kinder zugleich verzärteln und mit Brutalität ›erziehen‹–, die prügeln und hernach, um ihr schlechtes Gewissen zum Schweigen zu bringen, verwöhnen. Zur Zeit des Vorfalls im Heim wehrte sich der Bub gegen einen jüngeren und einen älteren Bruder; beiden gegenüber fühlte er sich benachteiligt: als ›mittleres‹ Kind stand ihm der ältere mit den Vorteilen des ›Erstgeburtsrechtes‹, der jüngere mit denen des ›Nesthäkchens‹ gegenüber. Diese Stellung im Familienkreis mag die Schädigungstendenz in bezug auf seine Heim-Kameraden erklären, um so mehr als ich dem Bestohlenen am Vorabend für einen Botengang eine Tafel Schokolade geschenkt. Vielleicht wurde der nachherige Dieb neidisch – und vielleicht habe ich selber, wenngleich unbeabsichtigt, das Entwenden des Zweifränklers provoziert.

Denn ebenso, wie es in der Schule geschieht, suchen auch die Ferienheim-Kinder die Familiensituation wieder herzustellen. Sie projizieren sie in eine jede neue und andersartige Situation und sind bestrebt, sie zu bearbeiten.

10. Der Dieb entwickelt unter dem Einfluß seiner Über-Ich-Angst ein passagères hysterisches Symptom[15], einen regelrichtigen Schluckkrampf.

[15] Ein vorübergehendes, plötzlich erscheinendes und dann wieder verschwindendes Krankheitszeichen.

Dieser erinnert uns an den *Schluckkrampf der abessinischen Neger*. Wenn in einem abessinischen Dorf jemand des Diebstahls verdächtigt wird und leugnet, erscheint ein Angehöriger der Herrscherkaste, ein Amhara; er bäckt ein Maisbrot und gibt davon, nach vorausgegangener öffentlicher und zeremonieller ›Besprechung‹ der Zauberspeise, dem Verdächtigen zu essen. Ist er schuldig, vermag er den Bissen nicht herunterzuschlucken und verrät sich so. (Zischka, *l. c.*)

Der Schluckkrampf gleicht ferner dem, der eine gewisse Kategorie der ›*Magersüchtigen*‹ produziert. Es hindert sie an der Aufnahme von Speisen, weil diese für sie »tabu« sind.

Schließlich erinnert das erbrechenartige Ausspeien des ›Giftes‹, bzw. Wassers an das hysterische *Erbrechen vieler Schwangeren*. Von der Psychotherapie solcher Frauen her wissen wir, was das Symptom im allgemeinen bedeutet: es soll etwas rückerstattet werden, das das Unbewußte nicht akzeptiert, weil das Über-Ich dagegen Einspruch erhebt: das werdende Kind. Es braucht wohl nicht hinzugefügt zu werden, daß auch dieses Symptom wie jedes andere psychisch mehrfach determiniert ist.

Wenn wir die kleinen Aufsätze und Berichte von Schülern, das Thema des Selbstverrates betreffend, überschauen, scheint uns das Erfahrene wohl recht interessant, aber kaum schwerwiegend zu sein. Wenn wir aber über Vorgänge vernehmen, wie sie im erwähnten Ferienheim geschehen sind, dann ahnen wir die Macht und Wichtigkeit des unbewußten Moralischen im Menschen, und sie kommt uns nicht als belanglos vor.

Werfen wir nun noch einen Blick auf die Arbeit des Psychotherapeuten, der sich mit psychogenen Krankheiten aller Art beschäftigt.

Man hat der Psychoanalyse vorgehalten, sie gehe darauf aus, alles aus den Trieben ableiten und erklären zu wollen, und sie vernachlässige all das, was wir als ›das Höhere im Menschen‹ bezeichnen.

Freud hat von allem Anfang an gewußt und auch unmißverständlich ausgesagt, es könnten keine neurotischen Erscheinungen entstehen, wären im Menschen ausschließlich die *Triebe* am Werk. Denn dann wären gar keine *inneren Konflikte* möglich. Damit sich solche konstituieren, muß den Trieben *eine mindestens ebenso starke Kraft entgegenstehen*. Sie wirkt vom Über-Ich aus und aus der Spannung, die zwischen Über-Ich und Trieben entsteht, baut sich unter Umständen ein Symptom auf.

Ein Elfjähriger, bislang Alleinkind seiner Familie, bekommt ein Schwesterchen. Nun zeigt sich bei ihm die Eigentümlichkeit, daß er Messer, Scheren und andere scharfe Gegenstände zu stehlen, zu sammeln beginnt und sie an geheimem Ort vergräbt. Er erklärt den um seine psychische Gesundheit bangenden Eltern, er ›versorge‹ all das stechend schneidende Werkzeug, damit sich sein Schwesterchen, das eben zu kriechen angefangen hat, nicht verletzen könne, und er versichert mit Tränen in den Augen, wie er in einer beständigen heillosen Angst um das Mädchen sei.

Während der psychotherapeutischen Behandlung erhellt sich die Angst. Es handelt sich um *Gewissensangst*. Im Grunde genommen und ohne es zu wissen, hegt der Bub Haßregungen gegen die nachträglich erschienene Konkurrentin in bezug auf die Elternliebe; er möchte diese ungeteilt wie je genießen und ist der Störerin seines einstigen Besitzes gram ›bis aufs Messer‹. Sein moralisches Ich jedoch erlaubt ihm keine offene Feindschaft. In seinem Bewußtsein hat er das Schwesterchen nur ›lieb‹.

Immerhin hat er feindschaftliche *Träume*. Er stößt das Schwesterchen im Traum über die hohe Gartenmauer und erwacht erschrocken rufend, ehe er es unten tot liegen sieht. Er geht mit dem Schwesterchen im Traume baden, und es kommt ein Haifisch geschwommen und schnappt es – und er erwacht wiederum mit einem Schrei. Die so herbeigerufene Mutter findet ihr Söhnchen ›in Schweiß gebadet‹. Der Knabe sieht sich im Traum zusammen mit dem Vater, wie einst wirklich geschah, in die Frauenklinik gehen, sie wollen das angekündigte Kind sehen. Da kommt die Schwester mit einem Särglein daher und macht die beiden Besucher darauf aufmerksam, das Kind sei gestorben. In den Träumen kommen, ganz unverhüllt, die aggressiven Impulse, welche der Bub seinem ›geliebten‹ Schwesterchen gegenüber hegt, zum Vorschein, und wer einigermaßen über tiefenpsychologisches Wissen verfügt, hat den eigentlichen Sinn und Zweck des Messerstehlens und Vergrabens längst erraten. Dem Schwesterchen droht tatsächlich Unheil – jedoch nicht von Gegenständen, nicht vom stechenden und schneidenden Werkzeug, sondern von dem, der es zu seinen feindseligen Absichten benutzen könnte.

Das Symptom, ein zwangsneurotisches Stehlen von Messern usw., entspricht einer *Über-Ich-* oder *Gewissensreaktion*. Das Beseitigen der gefährlichen Instrumente soll, eine Art Zeremoniell, den Bruder vor der Durchführung seiner bösen Absichten schützen.

Der Bub wird aus einer Gewissensreaktion zum *Dieb*. Im Kampf des Über-Ichs gegen eine kriminelle Regung obsiegt das Moralische und bewirkt, den bedauernswerten Buben von der Skylla zur Charybdis treibend, *ein anderes kriminelles Symptom*.

In einem solchen Falle darf man von einer ›*Fehlreaktion des Gewissens*‹ sprechen, die dem Kundigen oft wie ein Selbstverrat imponiert, lange bevor er beruflich und mit angewandter Tiefenpsychologie an den ›Fall‹ herangetreten ist.

5. Kapitel: Die Selbstbestrafungs-Tendenz

Eine Mutter schickt ihren achtjährigen Sohn Werner in ein Lebensmittelgeschäft; er soll Mehl und Butter holen. Botengänge zu besorgen ist für Werni ein Stolz und eine Freude. Aber er hat die Unart vieler Kinder, sich auf der Straße allzulange aufzuhalten und viel zu viel Zeit zu brauchen. Man hat ihn deswegen oft getadelt oder bestraft. Die Mutter sagt: »Beeile dich, ich will dann Kuchen backen!« Werni würde dies nicht vergessen, denkt sie, und wirklich sofort mit Mehl und Butter heimkommen. Denn er hilft sehr gern Kuchen backen. Kuchen ist eine seiner Lieblingsspeisen. Die Aussicht, Kuchen zu erhalten, so überlegt sich die Mutter, wird ihn veranlassen, nirgends stehenzubleiben.

»Kuchen!« jubelt der Bub und läuft mit dem Körbchen in hellen Sprüngen davon.

Er könnte in einer Viertelstunde zurückgekehrt sein. Aber er kommt nicht. Es vergeht eine halbe, eine ganze Stunde. Die Mutter ärgert sich. Es wird zu spät werden, um noch Kuchen zum Nachtessen zu backen. Wenn der Vater von der Arbeit heimkommt, müssen die Speisen auf dem Tisch stehen; denn er ist hungrig und wird verstimmt, falls er warten muß.

Mit Werni werde sie ein Wörtlein reden müssen, denkt die Mutter, und je länger sie warten muß, desto größer wird ihr Zorn auf den Knaben. Sie erinnert sich, daß sie ihn letzthin für eine gleiche Nachlässigkeit bei den Haaren genommen hat. Es habe nichts gefruchtet, stellt sie fest und überlegt, wie sie ihn härter bestrafen will, während sie Teigwaren in die Pfanne gibt. »Ein paar Schläge sind jetzt am Platz«, entscheidet sie sich. »Und ich werde ihn ohne Essen ins Bett schicken!«

Endlich sieht sie ihn an der Wegbiegung daherkommen. Sie tritt aus der Küche auf die Treppe und blickt nach ihm aus. Er entdeckt sie und beginnt sofort zu laufen.

»Ha, er hat ein schlechtes Gewissen!« denkt die Mutter, aber sie läßt sich nicht rühren. Mit kaltem Gesichte bleibt sie stehen, Werni zu empfangen.

Knapp vor der Steintreppe angelangt, stolpert der Bub, fällt, schlägt die Stirn blutig, heult auf.

Was tut die Mutter? Sie läuft rasch hinunter, hebt Werni auf, spricht ihm tröstend zu, birgt seinen Kopf an ihrer Seite, streichelt den Buben, nimmt ihn auf die Arme und trägt ihn in die Küche. Sie betupft die Schürfung mit warmem Wasser, und um Werni zum Schweigen zu bringen, reicht sie ihm ein Stück Wurst, das vom Mittagessen übriggeblieben ist.

An die Strafe denkt sie nicht mehr. Als ihr – später – wieder einfällt, was sie vorzunehmen beabsichtigte, findet sie, *Werni sei mehr als genug bestraft.*

Es ist nicht das erstemal im Leben Wernis, daß so etwas geschieht. Die Mutter, allein, findet besorgt, ihr Bub sei doch gewiß ein richtiger ›*Pechvogel*‹.

Wir sind geneigt zu sagen: Unter dem Eindruck der Gewissensangst hat der Knabe zu laufen angefangen, und es ist nicht zum Wundern, wenn er mit seinem schweren Korbe stürzt. Es handelt sich um einen unglücklichen *Zufall*, der durch die momentane Situation begünstigt oder hervorgerufen wurde.

Diese Argumentation entspricht etwa der, wie wenn wir sagen würden: Die Nacht ist daran schuld, daß der Einbrecher seinen Einbruch verübt hat.

Es würde wohl kaum jemand einfallen, auf solche Art den Einbruch zu begründen. Nicht das Dunkel der Nacht ist es, was den Einbruch motiviert, vielmehr die im Einbrecher bestehende kriminelle Regung. Er benutzt die begünstigenden Umstände der Nacht, um durchzuführen, was ihm die Regung eingibt.

Und nicht ein unglücklicher Zufall ist daran schuld, daß Werni stürzt. Er ist ein geschickter Läufer, und die Stelle, wo er stolperte und fiel, ist nicht besonders gefährlich. Er hat sie schon hundertmal ohne Unfall laufend passiert.

Wie ist denn der Sturz begründet?

Es scheint manch einem wahrscheinlich als ›an den Haaren herbeigezogen‹, wenn ich die Ansicht vertrete, der Sturz sei dem *unbewußten Strafbedürfnis* entsprungen.

Aber – nehmen wir an, ich hätte Recht. Was hat Werni mit dem kleinen Unfall erreicht? Versetzen wir uns in ihn. Er hat der Mutter nicht gehorcht und vergessen, was sie ihm befohlen. Als er sie auf der Treppe wartend erblickt, fällt ihm plötzlich ein, sie habe auf das Mehl und die Butter gewartet, und er habe sich gegen ihren Befehl vergangen. Er erwartet eine Strafe, denn er hat ähnliche Szenen schon mehrmals erlebt. Dabei war der körperliche Schmerz für ihn geringer als die Einsicht, die Mutter sei seinetwegen erzürnt. Ihre tadelnden Worte hörte er nicht gern, er buchte sie als einen *Liebesverlust*.

Jetzt, da er den Fehler zum soundsovielten Male wiederholt hat, wird der Liebesverlust noch größer sein. Da steht ja die Mutter, und sie lächelt ihm nicht etwa freudig und liebevoll zu: sie macht ein strenges, hartes Gesicht. Er fürchtet sich, er fürchtet die Strafe, die eintreten wird, und er fürchtet den neuerlichen Liebesverlust.

Und nun arrangiert sein Über-Ich die *Selbstbestrafung*.

Der *Gewinn* daraus ist offensichtlich. Er entspricht dem ›*Krankheitsgewinn*‹ eines neurotischen Symptoms. Nicht nur, daß die Mutter keine Strafe erteilt, sie ändert sofort und ohne lange Überlegung ihr vorgefaßtes Verhalten. Statt daß Werni einen Liebesverlust erfährt, genießt er vermehrte *Liebeszuwendung*: er hört tröstende Worte, er wird liebevoll auf die Arme gehoben, die Mutter reicht ihm sogar das Wurststück als Liebesbeweis.

Die Selbstbestrafung war grausam. Hätte die Mutter Werni bestraft, wäre der körperliche Schmerz zweifellos geringer gewesen. Auf keinen Fall hätte sie den Knaben blutig geschlagen.

Aber mit dem Unfall kaufte Werni die Verzeihung der Mutter und darüber hinaus die Liebesbeweise ein: was bedeutete dagegen die kleine Schürfung?

Der Kritiker wendet ein, ich hätte hier wohl einen sehr interessanten Gedankengang über die Wirkung des kindlichen *Strafbedürfnisses* vorgetragen, aber erstens fehlten die Beweise für seine Stichhaltigkeit, und zweitens sei sie nicht mehr als eine ausgeklügelte Unterschiebung. Er ist davon überzeugt, es habe sich nichts weiteres als ein *Zufall* ereignet, wie solche jeden Tag vorkommen und beobachtet werden können, und er bezichtigt mich der Spitzfindigkeit.

Nur der, welcher auf dem Wege der Erfahrung genügend Einsicht gewann in das Walten der kindlichen Seele und ihre Mechanismen, wird zugeben, meine Gedankengänge über die Selbstbestrafung Wernis, die als solche sogar von der Mutter erkannt wird (indem sie sagt, ihr Sohn sei »genug bestraft«, und sie wäre unmenschlich, würde sie ihn nun auch noch einer Strafe unterziehen), könnten zu Recht bestehen. Ich habe ein ganz einfaches und banales Begebnis erzählt und erläutert, weil ich selber von der Begründung, die ich angab, völlig überzeugt bin, und weil ich den Kritiker auf tiefenpsychologische Sachverhalte aufmerksam machen und vorbereiten wollte, die ich jetzt weiter belegen möchte.

Es wurde mir einst ein fast sechzehn Jahre altes Mädchen, Judith, vorgeführt, weil sie plötzlich wieder mit Bettnässen begonnen hatte, nachdem sie bereits neun Jahre sauber geblieben war. Sie stammte aus einer gutbürgerlichen Familie und war Alleinkind. Die Eltern erzählten, man habe einst Mühe gehabt, sie an Reinlichkeit zu gewöhnen, dann aber sei Judith fast von einem Tag auf den anderen sauber geworden, wie durch ein Wunder. Um so erschrockener war man, als sich das Übel neu einstellte. Der Hausarzt hatte den Eltern geraten, mir ihre Tochter zu zeigen, nachdem er bei ihr keine Blasenschwäche oder dergleichen körperliche Ursachen des Nässens vorgefunden.

Wir finden, Bettnässen bei einem sechzehnjährigen Mädchen sei tatsächlich etwas Außergewöhnliches, um so mehr als es, wie die Erfahrung lehrt, den Mädchen im allgemeinen viel leichter wird als den Knaben, reinlich zu werden.

Judith war, gemessen an ihrem Alter, schon voll entwickelt. Was an ihr äußerlich auffiel, war ein häßlicher, entstellender Hautausschlag an Gesicht und Händen. Sie war von Blutschorf und fließenden Eiterbeulen besetzt, daß einem darüber grausen konnte.

Man hatte verschiedene Hautärzte aufgesucht, Salben, Puder, Öle verwendet, es mit Blutreinigungskuren probiert, Schälkuren durchgeführt, dem Mädchen Vitamine eingespritzt, es zu bestimmter Diät veranlaßt. Aber alles war umsonst gewesen; der Ausschlag trotzte jeder Behandlung hartnäckig und blieb bestehen. Schließlich erklärte der Arzt, das Übel hänge mit der Entwicklungszeit und dem ›Blutwechsel‹ zusammen, man müsse geduldig abwarten, es werde von selber wieder verschwinden.

Judith wurde zunächst einer Reihe von Tests[1] unterzogen. Es zeigte sich nichts Besonderes, nur so viel, daß das Mädchen zu hysteroiden Erscheinungen neigte, daß es stark triebhaft veranlagt war und direkte sexuelle Phantasien unterdrückte. Auch der Hausarzt der Familie bestätigte, Judith sei außer ihrem Hautausschlag körperlich gesund und Grund zum Verdacht, die Tochter könnte seelisch abnorm sein, bestehe nicht; das Übel sei *erzieherisch* zu beseitigen.

Während der heilerzieherischen Kur kam folgendes zum Vorschein: Das Mädchen hatte sich sehr heftig in einen jungen Mann verliebt, der im Geschäft ihres Vaters als Chauffeur tätig war. Judith verbot sich diese Liebe, indem sie sich sagte, es könne doch niemals etwas daraus werden. Eine spätere Heirat wäre aus gesellschaftlichen Gründen nicht in Frage gekommen.

Dies hatte jedoch die Tochter nicht daran gehindert, ein wenig ›mit dem Feuer zu spielen‹. Sie wußte heimliche Zusammenkünfte einzurichten, wobei es schließlich zu Küssen und Betastungen kam.

Zwar, Judith merkte bald einmal, daß der Mann mehr nur mit ihr spielte, als daß er sie richtig gern hatte. Auch er war sich bewußt, daß

[1] Z-Test, Rorschach- und Behn-Test.

eine Ehe nicht in Erwägung kommen konnte. Die beiden hatten darüber gesprochen und waren sich einig. Trotzdem setzten sie den Austausch von Zärtlichkeiten fort, wobei Judith die führende, die *ver*führende Rolle spielte. Sie schien von den beiden die triebhaftere Natur zu sein. Als Judith einmal offen träumte, sie liege mit dem Chauffeur im Bett, und als sie sich ihrer grobsexuellen Wünsche bewußt wurde, erschrak sie. Aber sie konnte, wie man sagt, ›nicht mehr zurück‹. Sie besaß die Kraft nicht mehr, das heimliche Verhältnis abzubrechen und ›Schluß zu machen‹, die Gelüste waren *zu* kräftig.

Da brachen das Bettnässen und die Hautkrankheit bei ihr aus, von denen niemand ahnte, sie könnten miteinander im Zusammenhang stehen und dem gleichen Zwecke dienen.

Und nun war es der junge Mann, der die Beziehungen zu dem Mädchen abbrach. In seiner primitiven Roheit erklärte er Judith einfach, ihn ekle der Ausschlag, und er wolle nichts weiter mit ihr zu tun haben.

Es zeigte sich, daß das Verhältnis Judiths zu dem Chauffeur die Neuauflage eines anderen war, das sie einst als Siebenjährige mit einem älteren Vetter, welcher Kaufmann werden sollte und als Lehrling ins väterliche Geschäft gekommen, eingegangen. Diese ›Liebe‹ war zwar harmlos geblieben. Die Kinder – auch der Vetter war noch ein halbes Kind – hatten zusammen gespielt und sich ab und zu auch geküßt, aber der eigentliche sexuelle Bezug hatte gefehlt. Außerdem wußten Judiths Eltern über die kindhafte Verliebtheit ihrer Tochter zu dem Verwandten. Sie fanden daran nichts, was hätte Bedenken erwekken können, ließen das Pärchen gewähren und gaudierten sich insgeheim darüber.

Die Verliebtheit Judiths aber hatte zur Folge, daß sie – damals – das bisher geübte Bettnässen bleiben lassen konnte. Sie hatte andere, ›höhere‹ und größere Lust entdeckt und wollte sich als ›Erwachsene‹ dem Liebhaber würdig erzeigen. Dem Vetter wurde zwar nie mitgeteilt, daß Judith noch einnäßte. Aber die Tochter wollte vor sich selber, in Angleichung an ihr Liebesobjekt, ›erwachsen‹ dastehen. Auf dem Wege der Identifizierung mit dem geliebten Vorbild stärkte sich ihr Ich soweit, daß sie imstande war, auf das Nässen zu verzichten. Als – später – der Vetter fortging, trauerte Judith um ihn, nahm jedoch das Nässen nicht wieder auf.

Vom Rückfall ins Nässen, als Judith ungefährt sechzehn Jahre alt war, ist zu sagen, daß es für die Tochter einen Phantasieersatz für intimen Verkehr bedeutete. Deutlicher gesagt: Judith erlebte beim *Nässen* einen *Ersatz für Orgasmus*. Dies bewiesen ihre Träume und die Einfälle dazu mit Sicherheit. Zugleich hatte das Nässen den Sinn einer *Selbstbestrafung*. Judith sagte sich, der Rückfall in einen Zustand, der einem kleineren Kinde, nicht aber einer bald Erwachsenen entsprechend sei, bedeute die Strafe Gottes für die unerlaubten Beziehungen zum Chauffeur. Ein weiteres Motiv zum Nässen war *der unbewußte Wunsch, sich der Sorge und des Schutzes der Eltern zu versichern*. Denn Judith empfand die Gefahr, in der sie schwebte. Das Gewissen warnte, die Tochter machte sich Selbstvorwürfe, hatte Angst, *Gewissensangst*. Darauf reagierte sie mit dem Symptom, das sie einst als Kleinkind benutzte, wenn Angst sie plagte. Das Nässen entsprach einer Regression auf die Kleinkindstufe.

Wir sehen, daß das Symptom mehrfache Bedeutung hat und sowohl Trieb-, als auch Gewissensansprüche befriedigt.

Das Gewissen, das Judith vorwarf, *unrein* zu sein, brachte nun aber noch ein weiteres Symptom zustande: die unreine Haut, den Hautausschlag.

Dieser ist zunächst als *Selbstverrat* zu verstehen. Was Judith vor den Eltern, vor der ›Welt‹ geheimhalten wollte, kam an jenen Körperstellen ans Tageslicht, die nicht durch Kleider verborgen sind. Die unreine Haut verriet gleichsam den Gedanken: *»Ich bin unrein!«*

Es war nur niemand imstande, zu verstehen, was diese unreine Haut ausdrücken, aussagen wollte. Die Eltern erfaßten die Bedeutung des Hautausschlages nicht, Judith selber ebensowenig, und auch die Ärzte waren darüber im unklaren. Es ließ sich selbst für den Psychologen am Anfang nicht erkennen, was da ›selbstverraten‹ wurde.

Selbstverständlich war der Hautausschlag mehrfach determiniert. So sollte das ›Feuer‹, das ›Gift‹ aus Judiths Körper ausgeschieden werden. Hände und Gesicht, mit denen durch die Betastungen und mit den Küssen gesündigt worden war, sollten bestraft werden. Außerdem sollte die Verunstaltung Judith schützen.

Der Chauffeur hatte dem Mädchen einst eine sagenhafte Geschichte von einer »Geschlechtskranken« erzählt, deren Körper mit einem Ausschlag behaftet war. Nach der Eigenschaft Hysterischer, andere Leute nachzuahmen, wirkte die erwähnte Geschichte an der Symptombildung mit. Das Symptom entsprach dem Selbstvorwurf: »Ich bin geschlechtskrank!« und sollte den Liebhaber abschrecken, so wie es das Über-Ich Judiths verlangte.

Es sei noch kurz erwähnt: der Vater Judiths konnte sich, als Geschäftsführer allzustark beansprucht und in einer andauernden Hetzjagd, der Tochter viel zu wenig widmen. Dies hatte zur Folge, daß sich Judith, vorzeitig Ablösungsobjekte suchend, an andere Männer attachierte. Die Symptome verschwanden nach ihrer Aufhellung und bewußten Bearbeitung, und nachdem der Vater sich seiner Tochter besser annahm. Nach Schulaustritt beschäftigte er sie in seinem Büro und ließ sie an seinen Sorgen und Interessen teilnehmen, und sie war dabei glücklich.

Man darf sich die Heilung nicht allzu simpel vorstellen, etwa so, daß das ›Wissen‹ um die Bedeutung der Symptome, also deren ›Deutung‹ durch den Heilerzieher oder Psychotherapeuten die Besserung zustande gebracht hätte. Es handelte sich um einen affektiven, nicht um einen intellektuellen Ablauf, und um diesen Tatbestand deutlicher zu machen, sei hier kurz skizzierend eine andere Krankengeschichte eingeschaltet.

Eine Fünfzehnjährige litt an Anfällen, welche jahrelang als epileptische angenommen und mit entsprechenden Medikamenten behandelt worden waren. Ein Arzt erwog schließlich die Möglichkeit, es könnte sich eher um Hysterie als um Epilepsie handeln und schickte mir die Tochter, damit ich sie mit psychologischen Tests untersuche. Alle drei Formdeuttests deuteten auf Angsthysterie. Um noch sicherer zu gehen, führte ich mit der Tochter auch noch den Farbpyramidentest durch und ließ ihn von den dafür wohl am meisten Sachverständigen, von Prof. Dr. Heiß und Frl. Dr. med. Hiltmann aus Freiburg i. Br. auswerten, ohne daß ich ihnen vorher mitgeteilt hatte, es bestehe Verdacht auf Epilepsie oder etwas anderes. Die zitierten Sachverständigen schlossen beide auf eine neurotische Erkrankung, und als ich daraufhin direkt fragte, ob es sich nicht vielleicht um eine Epilepsie handeln könnte, wurde mir mitgeteilt, dem sei entschieden nicht so.

Warum war in jenem Arzte, der das Mädchen zu mir sandte, der Verdacht aufgestiegen, die Diagnose auf Epilepsie könnte falsch sein?

Wenn ein Anfall kam, hielt es die Arme krampfhaft gebogen vors Gesicht, stürzte langsam zusammen und ließ den Urin fahren. Es wußte auch genau den Verlauf des Anfalles – während sich eigentliche Epileptische daran in der Regel nicht erinnern.

Das Mädchen erzählte mir: als es etwa dreieinhalb Jahre alt gewesen, sei es einmal mit seinem Vater spazierengegangen. Es sei ihm vorangelaufen, und als es etwa einen Vorsprung von dreißig Schritt gehabt, sei um eine Hausecke plötzlich ein gewaltiger Hund erschienen, habe es angeknurrt und ihm seine Vordertatzen auf die Schulter gesetzt – da sei es zusammengestürzt, habe das Wasser gelassen und sei in Ohnmacht gefallen. Der Vater sei herbeigeeilt und habe den Hund vertrieben.

Wir erraten mit Recht – und die nachherige Behandlung des Mädchens durch einen Nervenarzt bestätigte es –, daß die Anfälle nichts anderes als eine Wiederholung der traumatischen Kindheitsszene bedeuteten. In ähnlicher Art, wie es Kriegsneurotiker tun, wenn sie im Anfall eine Verschüttungsszene wiederholen, die sie einst nicht psychisch bewältigen konnten, tat es das Mädchen mit der Hundeszene.

Aber es ›*wußte*‹ ja davon, es teilte mir sogar mit, daß seine Anfälle jener Szene glichen – es erriet also den Zusammenhang. Obwohl es also seine Anfälle ›*deuten*‹ konnte, verschwanden sie nicht.

Die ›Deutung‹ bewirkte keine Besserung.

Warum nicht?

Das Mädchen erinnerte sich an die Szene nicht mehr, es hatte nur unzählige Male vom Vater darüber gehört. In Wirklichkeit hatte es das traumatische Erlebnis ›*verdrängt*‹, weil es einst der dreieinhalbjährigen nicht gelungen war, das Schreckliche seelisch richtig zu verarbeiten. Erst während der (ziemlich lange dauernden) psychotherapeutischen Behandlung kam es dazu, in seiner Erinnerung allmählich bis zum Schockerlebnis mit *all den damit verbundenen Affekten* vorzustoßen, *sie neu zu bearbeiten*, und jetzt konnte das Symptom verschwinden. Wir sehen: *nicht das Wissen, nicht das ›Deuten‹* bewirkt Heilung, vielmehr die *Umstellung affektiver Faktoren durch Wiederbelebung und Neubearbeiten des Schockerlebnisses.*

Es hilft einem Menschen nicht, ihm nachzuweisen, er könne sich vor einer Autorität nicht entfalten, weil er an einem ›Vaterkomplex« leide, so wenig wie es der erwähnten Tochter half, zu *wissen*, sie wiederhole in ihrem Anfall eine Kindheitsszene. Der Autoritätsscheue muß etwas in bezug auf das Werden seines Vaterkomplexes ›*erleben*‹ können, nachträglich verarbeiten und auf normalere Art, als dies zur Zeit der Symptombildung geschah, zu Erledigung bringen. Er muß seine Beziehungen zum Vater neu *bearbeiten* können, um geheilt zu werden. Der Heilungsvorgang ist auf etwas ganz anderes als auf ›Erklärungen‹ und ›Deutungen‹ durch den Psychotherapeuten begründet – nämlich auf *einen mentalen Ablauf.*

Am Falle der erwähnten Pseudo-Epilepsie (Hystero-›Epilepsie‹) ist mir wieder einmal so recht augenfällig deutlich geworden, daß nicht das ›Wissen‹ eine Heilung auf psychotherapeutischem Wege bewirkt, wie viele Leute gemeinhin glauben.

Kehren wir nun zur Geschichte Judiths zurück. Uns interessiert daran das Walten der Gewissensinstanz.

Wir werden Zeuge davon, daß diese etwas wie eine Selbstverstümmelung aus unbewußtem Strafbedürfnis zustande bringt.

Der psychische Ablauf, wie er in bezug auf den achtjährigen Werni dargelegt wurde, ist *erraten*: er stützt sich nur auf Analogien; das jedoch, was über Judith mitgeteilt worden ist, hat sich aus der Behandlung der Tochter ohne jeden Zweifel ergeben: aus einer Summe von Berichten, Träumen, Einfällen, von Besprechungen, die sich bei täglichen Sitzungen über dreiviertel Jahre hingezogen haben.

Judith kam nicht wegen ihrer Ausschläge in Behandlung, sondern wegen des Bettnässens. Es zeigte sich erst im Verlaufe der Kur, daß die Hautkrankheit eine *psychogene* Erscheinung war, und daß sie einer Gewissensreaktion entsprach.

Es ist also möglich, daß unbewußte Gewissensregungen einen Menschen dahin bringen, sich selbst zu bestrafen; der *Masochismus* spielt dabei eine Rolle, und ab und zu nimmt die Selbstbestrafung ziemlich grausame Formen an.

Es sei, um dies weiter zu illustrieren, auf einen krassen Fall hingewiesen. Ein junger Offizier, verheiratet, aber nicht sehr glücklich verheiratet, weil die Gattin frigid ist, verliebt sich in dem Dorfe, worin die Truppe Quartier bezogen hatte, in die Tochter seiner Wirte. Das Verhältnis hat Folgen. Dem Offizier ist es aus religiösen Gründen nicht möglich, sich von seiner Frau zu trennen, um die Tochter zu heiraten. Diese findet man eines Tages in einem Weiher; sie hat sich das Leben genommen.

Nach einer Zeit der Trauer merkt man dem Leutnant nichts mehr davon an, was er durchgemacht hat. Er ist wieder lebenslustig, schneidig, froh, forsch usw. Eines Tages putzt er, ein ausgezeichneter Schütze die Pistole, die er schon sehr oft gereinigt hat. Es löst sich ein Schuß und trifft den Mann in den Kopf. Er stirbt.

Und selbst seine einfachen Füsiliere, die nie ein Hauch von Psychologie angeblasen hat, verstehen den Unfall als *unbeabsichtigtes Suizid.* Sie erraten die Zusammenhänge intuitiv.

Wenn uns nun weiter bekanntgegeben wird, daß der Offizier wenige Tage vor dem Unglück beim Pistolenreinigen entdeckte, daß noch eine Kugel im Laufe steckte – daß er dies mit Schrecken feststellte und den Kameraden erzählte, wie froh er sei, rechtzeitig gemerkt zu haben, die Waffe sei geladen – daß der Leutnant also *gewarnt* war, dann können wir kaum anders, als an einen unbewußt beabsichtigten Selbstmord zu denken.

Bei Kindern und Jugendlichen kommen unbewußt beabsichtigte Selbstbestrafungen wohl häufiger vor als bei Erwachsenen.

Ein Bub, fünfzehnjährig und ausgepichter Bastler, stibitzt dem Vater ein Stück Lindenholz, um etwas zu schnitzen. Beim ersten Messerschnitt gleitet ihm, was ihm bei seinen Arbeiten noch nie passiert ist, das Werkzeug so merkwürdig aus, daß er sich in die rechte Hand schneidet. Die Wunde ist so bedeutend, daß er seine Absicht nicht durchführen kann; er muß zum Arzt, um nähen zu lassen.

Einem anderen Buben, einem Vierzehnjährigen, ist vom Vater strengstens verboten worden, an einem Hochzeitsschießen teilzunehmen. Auf den Nationalfeiertag fabriziert sich der Halbwüchsige aus einem Gasrohrstück einen Mörser. Er stiehlt Schwarzpulver, geht in den Wald und will den Mörser ausprobieren. Durch eine Unvorsichtigkeit entzündet er das Pulver vorzeitig, und er verbrennt sich dabei die Hände so, daß er sie nachher eingebunden tragen muß und der Diebstahl ruchbar wird.

Eine Fünfzehnjährige hat, während die Mutter abwesend war, verbotenerweise ein Töpflein eingemachte Kirschen ausgegessen, hernach das leere Glas sauber gereinigt und auf der Hürde im Keller versteckt. Die Mutter kommt heim, tritt in die Küche und glitscht aus. Am Boden lag eine Kirsche, und die Frau errät, was während ihres Fortseins geschehen ist. Sie stellt die Tochter zur Rede. Diese leugnet. Aber kurz vor dem Abendessen wird ihr übel, Kopfschmerzen stellen sich ein, und plötzlich erbricht sie sich. Die Mutter kann sehen, was die Tochter von sich gibt, und jetzt bleibt dieser nichts anders übrig, als ihre Tat einzugestehen.

Ein Siebenjähriger hat nach dem Mittagessen das Geschirr abwaschen müssen. Es war eine Bratwurst übriggeblieben. Auf einmal kommt der Bub zur Mutter gelaufen und meldet: »Denk dir, unsere Katze, das Sautier, ist auf den Tisch gesprungen und hat die Bratwurstschüssel ausgeräumt – ich war hinausgegangen, um Wasser zu holen, da hat die Katze die Gelegenheit benutzt!«

Die Mutter lächelt: »Und die Sauce hat die Katze noch am Kinn!« und deutet auf des Buben Gesicht.

Der Bub erschrickt, macht mit dem Kopf einen Ruck rückwärts und schlägt ihn am kantigen Rahmen des offenstehenden Fensters blutig. »Das ist die Strafe dafür, weil ich gelogen habe!« sagt er, den Schmerz verbeißend und gegen Tränen kämpfend, zur Mutter. »Ich bin der Bratwurstschelm, nicht die Katze!«

Eine Sechzehnjährige hat sich ein Stück Tuch gekauft und der Mutter angegeben, sie müsse es für die Handarbeitsschule haben. Die Mutter hatte geschimpft, aber das Geld dann doch hergegeben.

Das Mädchen schneidert sich eine hübsche Bluse zurecht, näht sie und plättet sie. Dann läufte es vor die Türe, es ist eine Schulkameradin auf der Straße, es hat ihr etwas mitzuteilen. In die Stube zurückgekehrt, empfängt es eine beißende Rauchwolke: das Mädchen hatte vergessen, das Plätteisen auf den Asbestsockel abzustellen. Die Bluse ist durchgebrannt und der Plätteladen glimmt, ist unbrauchbar geworden.

»Ich bin bestraft!« sagte das Mädchen zur Mutter und erzählt ihr, wie es sie hintergangen hat. »Aus meinem Kässchen werde ich Geld nehmen, um dir beim Schreiner einen neuen Plätteladen machen zu lassen!«

Eine Viereinhalbjährige kommt mit einer walnußgroßen blauen Beule am Kopf zur Mutter gelaufen, ohne zu weinen.

»Was hast du da?« erkundigte sich die Mutter. Sie hält dem Töchterchen einen Spiegel vor.

»Weißt du«, sagt die Kleine, »mir hat's nichts gemacht, aber –«, sie beißt sich auf die Lippen.

Die Mutter merkt, etwas sei nicht in Ordnung und drängt auf ein Geständnis. Schließlich kommt heraus, daß das Töchterchen den Porzellankopf der schönen Geburtstagspuppe zerschlagen hat.

»Wo hat du sie denn?« fragt die Mutter.

»Ei, die hab ich doch versteckt, damit du sie nicht sehest!« erfolgt die Antwort.

Die Beispiele könnten ins Unendliche vermehrt werden. Alle zeigen den Selbstverrat und die Selbstbestrafung und weisen auf das Wirken eines Geständniszwanges und Strafbedürfnisses[2] hin.

Das unbewußte Sühnebedürfnis macht sich bei Kindern und Jugendlichen nun sehr oft noch auf ganz andere Weise geltend. Aus einer Gewissensreaktion heraus werden sie zu *schlimmem Verhalten* veranlaßt. Dadurch sollen die Erwachsenen zu Strafen gereizt werden.

Ein guterzogener Zehnjähriger mit Namen Heini Moser hat sich mit einem etwas älteren und kräftigeren Kameraden verfeindet. Es folgen handgreifliche Auseinandersetzungen auf dem Schulweg und anderswo, Heinzi zieht dabei regelmäßig den kürzeren.

Weil er seinem Gegner, Fritz, eine Tracht Prügel von Herzen gönnen möchte, hetzt Heini bei seinem Vater. Er schwindelt ihn an, Fritz habe sich über Herrn Moser lustig gemacht und wüste Wörter über ihn ausgesprochen, Schimpfnamen, Flüche.

Heinis Vater ärgert sich. Bei nächster Gelegenheit stellt er den Fritz. Der Bub behauptet, er sei unschuldig. Nie habe er ein Sterbenswörtchen über Herrn Moser geäußert. »Der Heini ist ein Lügner!« ruft er aus.

[2] Reik, *l. c.*

Die Art, wie Fritz reagiert, reizt Herrn Moser. »*Du* bist ein Lügner!« hält er dem Buben entgegen. »Gib zu, daß du von mir als dem ›Moserli‹ gespottet und gesagt hast, ich sei ein Trottel und Affe!«

»Das habe ich nie von Ihnen gesagt! Heini hat's erfunden – und er soll es beweisen, daß ich so über Sie geredet habe!« fordert Fritz und wirft den Kopf in den Nacken.

Die kecke Art, wie Fritz spricht, macht Herrn Moser wütend. Er faßt den Buben am Kragen, Fritz will sich losreißen und heult: »Das sage ich meinem Vater, der wird Ihnen – – – « und schon klatschen ihm ein paar Ohrfeigen auf die Wangen.

Heini schaut aus der Ferne zu und freut sich.

Dann jedoch plagt ihn mehr und mehr das schlechte Gewissen, weil er seinen Vater angelogen hat. Er wagt aber nicht, vor ihn hinzutreten und ein Geständnis abzulegen. Sein Stolz gibt nicht zu, daß er sich als Lügner entpuppe. Er fürchtet, der Vater könnte ihn weniger liebhaben und schätzen.

Aber sein Gewissen will sich nicht besänftigen, unentwegt bohrt der Stachel in Heini.

Auf einmal wird der Bub seiner Mutter gegenüber frech und ungehorsam. Er weigert sich, ihr wie üblich bei den Hausarbeiten zu helfen und erklärt höhnisch, dies sei »Arbeit für die Weiber«. Die Mutter ist entsetzt über die Grobheit und meldet sie ihrem Gatten, der eben vom Büro nach Hause kommt.

»Nimm den Buben, wenn er sich schlecht aufführt, selber in die Finger!« sagt er ein wenig unwirsch. »Ich mag nicht nachträglich den Strafrichter spielen!«

Es entsteht eine kleine eheliche Auseinandersetzung. Frau Moser wirft ihrem Manne vor, er lasse es tatenlos geschehen, daß aus dem Sohn ein Schlingel werde. Herr Moser schluckt den Ärger hinunter.

Nach dem Abendessen arbeitet er im Garten und befiehlt Heini, er solle ihm die Grabhacke holen. Der Bub tut es, und gerade in dem Augenblick, da er am Treibbeet vorübergeht, stößt er an und läßt das Werkzeug ins Fenster fallen. Die Scheiben splittern.

Der Vater gerät unmittelbar in höchste Aufregung, läuft hin, zerrt den Buben am Schopf und jagt ihn ins Bett. Erst nachträglich fragt sich Herr Moser, warum er sich wegen des Ungeschicks seines Sohnes dermaßen in Harnisch hat bringen lassen.

Im Bett weint Heini. Das Weinen ist jedoch das eines Erlösten. Das Bestraftwerden erleichtert den Buben. Er empfindet den Gewissensdruck nicht mehr. Ruhig schläft Heini ein.

Was ist geschehen?

Zunächst: weshalb ist der Vater dermaßen aufgebraust? Er sah doch gewiß selber auch, daß Heini das Fenster nicht böswillig zerschlagen. Herrn Moser ist einfach die Galle übergelaufen. Er hat seinen Unmut am Familientisch nicht gezeigt, als ihm seine Frau vorwarf, er lasse den Buben verrohen. Was der Mann unterdrückte, beschwerte seine Stimmung. Und jetzt brauchte nur noch eine Kleinigkeit hinzu zu kommen, daß sich der unterdrückte, eingeklemmte Affekt Luft machte. Die Gelegenheit war da, als Heini die Scheiben einschlug. Der Bub mußte nicht allein sein Ungeschick, sondern auch für die Mutter, die den Vater geärgert hatte, ›auslöffeln‹, büßen.

Die zweite Frage: Warum fühlt Heini nach der empfindlichen, überstrengen Strafe, die wohl auch er selber als ›ungerecht‹ einschätzen mußte, Erleichterung? Kurz und gut: *weil er Strafe suchte!*

Er suchte sie zum Zwecke der Gewissenserleichterung. Ohne sich dessen bewußt zu werden, verbucht er das Zuviel an Strafe auf ein anderes Schuldkonto: Auf das seiner Lüge, die Sühne fordert.

An dem Treibbeet-Fenster ist Heini schon unzählige Male vorübergegangen, ohne es zu beschädigen. Was für ein Kobold zwang ihn, gerade dann die Scheiben zu zertrümmern, als er wußte, fühlen konnte, der Vater sei gereizt, und es lasse sich nicht leicht mit ihm Kirschen essen? War es nur der ›blinde Zufall‹ – oder war das, was geschah, nicht vielleicht vom Unbewußten, vom schlechten Gewissen, das Sühne wollte und nach Strafe verlangte, geplant und eingerichtet?

Wir vermuten es, aber wir können es nicht beweisen.

Eine Zeitlang nun fühlt sich Heini wohl. Die Gewissensbisse schweigen, und er verhält sich zur Zufriedenheit der Eltern.

Dann jedoch, allmählich, wirft er sich neuerdings vor, er habe den Vater belogen. Fritz sagt es ihm auf der Straße. »Lügner!« zischt er, wenn er an dem jungen Moser vorübergeht. Und Heini sagt sich selber auch, er sei ein Lügner, und durch das Erdulden der Strafe sei sein Fehler noch lange nicht gutgemacht.

Zu Hause, im Bastelraum des Vaters, macht sich der Bub mit den Hobeln zu schaffen. Dies ist ihm vom Vater verboten worden. Heini glättet ein Brett und merkt zu spät, es steckte noch ein Nagel darin. Heini stößt mit dem Hobel daran und beschädigt die Schneide. Vor Schreck läßt er alles liegen und läuft davon.

Es fällt ihm nicht ein, die Schneide herauszunehmen und am Schleifstein wieder zu schärfen, so daß man von der Beschädigung nichts mehr entdecken könnte, obwohl der Bub ganz genau weiß, wissen könnte, wie man dies macht.

Warum hat er diesen glücklichen Einfall nicht? Wieso macht er sich panikartig aus dem Staube und läßt alles liegen?

Wenn der Vater in die Arbeitskammer tritt, muß er auf den allerersten Blick entdecken, was geschehen ist. Daß nicht Frau Moser den Schaden angestiftet hat, und daß Heini der Sünder war, wird Herr Moser ohne weiteres erraten.

Herr Moser, nachdem er den Schaden entdeckt, ruft seinen Sohn herbei und stellt ihn zur Rede. Heini gesteht. Und jetzt – merkwürdigerweise – obwohl der Sohn ein striktes Gebot übertreten, straft ihn der Vater nicht. Er erinnert ihn nur an den Befehl und droht ihm, falls dem Verbot zukünftig nicht Folge geleistet werde, müßte ihm mit einer Strafe Nachachtung verschafft werden. Und Heini muß das Schneidmesser nachschleifen.

Er weint zur Arbeit. Und diesmal weint er bedrückt, nicht erlöst. Es freut ihn nicht, straflos ausgegangen zu sein. Die Milde des Vaters rührt ihn und verstärkt sein inneres Elend.

»Heul doch nicht so!« fordert der Vater. »Ich habe dir ja nichts getan!« Er ahnt nicht, daß Heini leichter ums Herz wäre, *wenn* Herr Moser ihm etwas angetan hätte.

»Ich *will* ja nicht weinen!« gibt der Zehnjährige Bescheid. »Es weint!« Wir würden sagen: »Jawohl, es ist das *Es*, das Unbewußte, das Heini gegen seinen Willen weinen macht!«

Schon am darauffolgenden Tage leistet sich Heini wiederum einen Streich. Er stibitzt dem Vater eine Zigarre aus dem Sonntagsrock und raucht sie. Dabei läßt er sich von der Mutter überraschen. Er sucht das Rauchzeug zu verbergen und steckt es in die Hosentasche. Und in die neuen Hosen brennt ein Loch.

Dafür prügelt ihn die Mutter. Sie ist ohnehin aufgebraucht, weil ein Brieflein vom Lehrer gekommen ist, der Bub sei ganz verändert: er störe beim Unterricht und fange mit schwächeren Kameraden Streit an. Der Zustand des vormals braven Bürschchens sei bedenklich, so daß darüber nicht länger geschwiegen werden dürfe, und daß die Eltern gut daran täten, den Sohn vom Schulpsychologen untersuchen zu lassen. Statt dessen beschlossen die Leute, ihn mir vorzuführen.

Wie es so oft der Fall ist: vor dem unbeteiligten Dritten wurde es Heini leichter als vor den Eltern, die Schuld zu gestehen, um deren willen sich der sonst gutgeartete Bub arge Selbstvorwürfe machte.

Eine Zwischenbemerkung: daß dabei noch andere Motive mitwirkten, die dem Oedipuskomplex entstammen, sei hier nicht breiter ausgeführt und nur deshalb erwähnt, damit niemand glaube, die Dinge lägen ganz einfach.

Nach dem Geständnis wurde Heinis Verhalten in der Schule und im Elternhaus bereits ein wenig besser. Doch war es noch nicht wie einst. Damit es ganz in Ordnung kommen konnte, wurde der Bub allmählich so weit ermutigt, daß er vor den Vater trat und *ihm* eingestand, er habe ihn belogen.

Nachdem dies geschehen, waren die Schwierigkeiten bei Heini wie weggeblasen.

Das Geständnis bedeutete für den Buben viel mehr, als es äußerlich zu sein scheint, nämlich eine Versöhnung des kleinen ›Oedipus‹ mit seinem Vater, und darauf beruht die endgültige Gewissensentlastung und Besserung.

Wir sehen in Heini Moser einen Knaben, der alles mögliche anstellt, *um Strafen zu provozieren*, damit sein belastetes Gewissen entsühnt, besänftigt werde.

Solche provozierten Strafen sind jedoch nie recht imstande, dem Gewissen auf die Dauer Erleichterung zu bringen. Momentan mögen sie wirken, dann aber steigt die Bedürfnisspannung nach Sühne wieder an, und in einem teuflischen Zirkel wiederholt sich der ganze Ablauf: Das Kind äußert von neuem Schwierigkeiten, meist sich steigernde, um neuerdings Strafe zu erzwingen. Man sieht dies besonders deutlich bei Halbwüchsigen, die sich wegen onanistischer Praktiken Selbstvorwürfe machen.

Eine Besserung tritt erst dann ein, wenn der Sünder zu sich selber steht, wie wir es bei Heini gesehen haben – und wenn er sich durch ein *freiwillig geleistetes Geständnis am richtigen Orte* wirklich freimacht von Schuld. Ein *erpreßtes* Geständnis nützt nichts oder fruchtet doch nur in viel geringerem Maße.

Denn dem freiwilligen Geständnis ging die *Reue* voraus. In ihr ist der *Wille und Impuls zur Besserung* enthalten.

Darum ist es nach einem freiwilligen Geständnis erzieherisch nicht mehr nötig, eine Strafe durchzuführen.

Reik[3] hat überzeugend nachgewiesen, daß für das älter werdende Kind und den Erwachsenen das Geständnis allmählich an Stelle des Strafbedürfnisses tritt. Das Geständnis antizipiert die Strafe, sie wird gleichsam zum voraus erlebt und ermöglicht das Geständnis.

Wenn das Kind einen Fehler begeht, ein Gebot übertritt usw., dann fühlt es sich *isoliert*. Es empfindet sich selber als ›schlecht‹ und abgetrennt von den ›Guten‹.

Man kann diesen affektiven Sachverhalt auch so formulieren, daß

[3] *loc. cit*

man sagt: das Ich empfindet den Gegensatz zum Über-Ich; das Über-Ich als Kern der Persönlichkeit sagt gleichsam zum Ich: »Du bist mir fremd, ich kenne dich nicht mehr, denn du hast dich gegen mein Gebot vergangen!«

Als eine ›*falsche Gewissensreaktion*‹ bezeichnen wir einen Ablauf, wobei das Kind unbedingt die Strafe sucht, und, um sie zu erreichen, schlimm wird. Es tritt dann ein, was Schiller in die Worte gefaßt hat:

»Das ist der Fluch der bösen Tat,
Daß sie, fortzeugend, Böses muß gebären!«

Es sei schließlich noch darauf hingewiesen, was für eine Bedeutung der *Beichte* zum Zwecke der inneren Entlastung zukommt, und daß sie nicht etwa eine Erfindung der katholischen Kirche zum Zwecke des seelischen Gesundheits-Schutzes ist. Denn schon die alten Ägypter wendeten sie an[4]. Der Sünder ergibt sich, beichtend, der Gnade Gottes, und die Absolution bedeutet für sein Seelisches die Wiederaufnahme in die Gemeinschaft mit Gott und den Glaubensgenossen, von denen er sich durch seine Verfehlung isoliert hatte.

Das Gewissen, so haben wir schon zu Anfang unserer Erörterungen gesehen, ist hauptsächlich ein *sozialer* Erwerb. Ein Mensch, der zu keinen sozialen Gefühlen fähig ist, zeigt folgerichtig auch keine Gewissensregungen.

Anderseits: *wenn* der Mensch zu sozialen Gefühlen fähig ist und darum Gewissensregungen verspürt, erträgt er die Isolierung nicht auf die Dauer, falls er sich, wenn auch insgeheim, gegen die Satzungen der Gemeinschaft vergangen hat. Daraus resultieren die Tendenz zum Selbstverrat, das Sühnebedürfnis und die Selbstbestrafung, die stärker sind als jede Strafangst.

Bei Kindern und Jugendlichen ist das *Vorausnehmen von Strafen* viel verbreitet.

Statt ein erhaltenes Gebot zu erfüllen oder auf eine Lust zu verzichten, provoziert das Kind eine Strafe. Nachher sagt es sich, es habe mit der erhaltenen Strafe ›abverdient‹, daß es das Gebot übertrete oder sich der gewünschten Lust hingebe.

Einem Vierzehnjährigen aus ärmlichen Verhältnissen, Tino, einem eifrigen Fußballer, war vom Vater das Fußballspielen untersagt worden, weil es »Schuhe koste«. Um das Verbot dem Knaben angenehmer

[4] Reik, *l. c.*

zu machen, kaufte ihm der Vater ein Paar neue Schuhe, die der Sohn jedoch nur an den Sonntagen tragen sollte.

Es begab sich, daß auf dem Fußballplatz einer ziemlich entfernten Stadt ein ›Länder-Match‹ abgehalten werden sollte. Tino wäre gern mit Kameraden hingefahren, es stand ihm ein altes Fahrrad zur Verfügung. Der Vater erlaubte die Fahrt nicht. Er befürchtete wohl, sie stimuliere Tino zum Fußballspielen.

Als der Vater an einem Abend von der Arbeit heimkommt, sieht er, daß der Sohn die neugekauften Schuhe trägt. An ihnen kleben Lehm und Erde. Der Vater wird wütend und prügelt Tino durch.

Am Sonntagmittag erklärt Tino dem Vater, er fahre mit Kameraden nach der nahen Stadt Bern, sie wollten gemeinsam das naturhistorische Museum besuchen. Der Vater zweifelt, sagt, Kinder hätten dort doch nur in Begleitung Erwachsener Eintrittserlaubnis.

»Es kommen ja Erwachsene mit!« erklärt Tino, und er zählt drei ältere Kameraden auf, die bereits aus der Schule entlassen und in der Berufslehre sind; sie gelten als ›Erwachsene‹.

Endlich gestattet der Vater, daß Tino das Museum besuche.

In Wirklichkeit fährt die Knabenschar nach jener Stadt, wo das Fußballer-Treffen stattfindet.

»Ohne mit der Wimper zu zucken«, erzählt Tino seinem Lehrer mit sieghaftem Lächeln, »habe ich den Vater angeschwindelt. Als ich heimkam, berichtete ich ihm von den wunderbar hergerichteten Wildtierszenen im Museum, vom Gorilla im Busch, von den Löwen in der Wüste und von den grauslichen Warzenschweinen!« Der Bub lachte belustigt auf. »Ich hab' den Vater lüstern gemacht, er will nächsten Sonntagnachmittag auch hingehen. Dann ist er nicht zu Hause, und dann kann ich anfangen, was mir paßt!«

»Schlägt dir denn dein Gewissen nicht?« fragte der Lehrer. »Du lügst doch sonst nicht!«

»Nein, aber –«, und das Gesicht des Buben wurde finster, »der Vater hat mich letzthin dafür, weil ich die Sonntagsschuhe an einem Werktag trug, dermaßen arg verprügelt, daß ihm ganz recht geschieht, wenn ich ihn anlüge. Die Lüge war vorausbezahlt!«

Es war nicht leicht, Tino nachzuweisen, er habe einst die Strafe im Hinblick darauf provoziert, um nachher ohne Gewissensbisse etwas Verbotenes tun zu können.

Ein junges Mädchen, sehr streng erzogen und aus einer Sektiererfamilie, war eine leidenschaftliche Tänzerin. In den Kreisen ihrer Bekenntnisgemeinschaft aber galt das Tanzen als etwas Sündhaftes, es wurde verpönt und verboten.

Jedesmal nun, sobald das Mädchen beabsichtigte, insgeheim an einem Tanzanlaß teilzunehmen, verstritt es sich vorher mit der Mutter. Sie bestrafte ihre Tochter, indem sie ihr eine Woche Hausarrest gab. ›Merkwürdigerweise‹ fand der Tanzanlaß immer dann statt, wenn der Hausarrest beendigt war, und ohne die geringsten Gewissensbisse nahm alsdann die Tochter daran teil. Die Sache kam nie an den Tag. Einmal suchte mich die Tochter auf – sie war früher eine meiner Schülerinnen gewesen –, um mich zu veranlassen, ihr vor den Eltern beizustehen, sie wollte eine Stelle im Waadtland annehmen. Die Eltern zögerten, ihr Einverständnis zu geben, und die Tochter wußte, daß ich den Ort und die Leute kannte, wo sie hin wollte.

Bei dieser Gelegenheit plauderten wir über das Verhältnis der Tochter zu ihren Eltern, und unter anderem sprach sie mir von ihrer Tanzleidenschaft und den jeweilig diesen vorangehenden Streitereien mit der Mutter. Es hielt nicht schwer, ihr verständlich zu machen, was diese bezweckten.

»Ja, ich habe mir immer gedacht, die Mutter habe mich allzu streng bestraft um einer Bagatelle willen, und nachher dürfe ich mir wohl eine kleine Tanzerei gönnen!« erklärte das Mädchen. »Es wäre für mich einfacher, wenn ich jetzt nicht wüßte, was ich weiß. Denn in Zukunft kann ich es, wenn ich tanzen gehen möchte, nicht weiter in der bisherigen Art einrichten!«

Ich teilte der Tochter mit, ich halte ›ein Tänzchen in Ehren‹ nicht für eine Sünde, dagegen fände ich das Verheimlichen unschön. »Wenn ich du wäre, würde ich zuwarten bis zu meiner Mündigkeit, die ist ja nahe herangekommen, und nachher würde ich den Eltern einfach mitteilen, ich gehe zum Tanz!«

»Dies setzt einen Krach ab!«

»Wenn du den fürchtest, mußt du halt nicht zum Tanz gehen. – Aber du könntest durchsetzen, das zu tun, was du nicht für ein Unrecht findest. Du mußt die Verantwortung auf dich nehmen!«

Die beiden letzterwähnten Beispiele machen deutlich, daß sich unbewußtes Strafbedürfnis auch dadurch äußert, indem auf dem Wege einer ›Vorauszahlung‹ für eine beabsichtigte Sünde dem Gewissen Absolution verschafft wird.

6. Kapitel: Die ›Banden‹-Bildung als Gewissensreaktion

Das Gewissen, so konnten wir sehen, wirkt unter anderem so, als sage es einem Träger, was *›allgemein‹* richtig ist. Wer das tut, was dem allgemeingültigen Brauch, der Sitte, dem Recht, der Moral, den ethischen und religiösen Satzungen entspricht, den peinigen keine ›Gewissensbisse‹ – ihn läßt sein Gewissen in Ruhe. Er empfindet sich als *›wie die anderen‹* – wie die anderen Gemeinschaftsglieder und als in die *Gemeinschaft* eingebettet. Das Gefühl der Gemeinschaftlichkeit macht ihn *›sicher‹*. Er bewegt sich und er handelt gleichsam mit dem Einverständnis seiner Umgebung. Der Eindruck, so wie die anderen zu sein, zu ›leben‹, gibt ihm Boden unter die Füße. In der Gemeinschaftlichkeit hat er eine Stütze für sein Selbst, eine Bestätigung seines Ichs. Als Gemeinschaftsmitglied gleicht er einem Stabe aus dem Liktorenbündel, das stärker ist als der einzelne Stab und jedem einzelnen Stab größere Festigkeit vermittelt.

Verfehlt er sich gegen das Gesetz der Gemeinschaft, macht ihm sein Gewissen den Vorwurf, sich *von der Gemeinschaft gelöst* zu haben. Er fühlt sich sogar dann von ihr *isoliert*, wenn sie nichts von seiner Verfehlung weiß, und wenn er sein Verbrechen hat geheimhalten können.

Denn sie weiß es trotzdem, weil sein Gewissen es weiß: das Gewissen, das unter anderem als Vertreter seiner Gemeinschaft in ihm selber wirkt.

Wenn man etwas gegen sein Gewissen getan hat, hat man es zugleich gegen die Gemeinschaft getan und sich damit vereinzelt. Die Schuld, die man sich aufgeladen, die *Gewissens-Schuld*, ist eine *Schuld an der Gemeinschaft* (letzten Endes eine Schuld gegenüber der *All-Gemeinschaft*, gegenüber *dem Absoluten*, das alles *weiß*).

Um die Schuld auszutilgen, empfindet der Schuldige die innere Nötigung zum Geständnis, zum *Bekenntnis*, das in diesem Falle ein Notsignal, einen *Hilferuf* bedeutet. Der Geständniszwang ist so stark, daß sich der Schuldbeladene unter Umständen gegen seinen bewußten Willen der Gemeinschaft selber verrät und gewillt ist, die von ihr verhängte Strafe auf sich zu nehmen. Denn auf die Dauer erträgt er die Vereinsamung nicht.

Im Bewußtsein geht es ihm möglicherweise gar nicht darum, in die

Gemeinschaft, der gegenüber er vielleicht in trotziger Opposition steht und die unter Umständen sein Verbrechen überhaupt nicht zur Kenntnis nahm, nicht entdeckte, zurückzukehren. Aber er möchte in der *in ihm liegenden Gemeinschaftsinstanz*, mit seinem Gewissen ins Reine kommen. Denn er ist von seinem Gewissen vereinsamt und darum in sich selber gespalten. Die *innere* Aufspaltung ist es, die er nicht ertragen kann. Sie spiegelt sein Zerfallensein mit der Gemeinschaft, wird auf diese zurückprojiziert, und sie treibt ihn zu Gegenreaktionen; sie haben den Zweck, wieder einig zu werden mit der Gemeinschaft – sich in sie wieder einzugliedern, um auf diesem Wege das innere Gespaltensein aufzuheben und die innere Einheit wiederzufinden.

Das Gewissen hält ihm vor: »Du bist nicht mehr wie die anderen, du gehörst der Gemeinschaft nicht länger an. Ein Vereinsamter bist du!« *Der Vereinsamte setzt allmählich alles in Bewegung, um aus seiner Isolierung herauszukommen.*

Der normalste Weg dazu: er geht, gesteht, ist zur Sühne bereit, nimmt die Strafe entgegen, kauft damit seinen *inneren Frieden* wieder ein und nimmt sich vor, den begangenen Fehler nie mehr zu wiederholen, um den erlebten Gewissenskonflikt nicht neuerdings auf sich zu laden. Es ist jedoch möglich, daß er noch einen anderen Weg beschreitet. Dies tun Kinder und Jugendliche sehr häufig, aber auch Erwachsene nicht gar so selten.

In einem unserer emmentalischen Dörfer – die Geschichte könnte gewiß genau gleich anderswo, überall passiert sein – lebte auf einem abgelegenen Hofe ein dreizehnjähriger Verdingbub (= Pflegekind), Paul. Die Vormundschaftsbehörden hatten ihn dort untergebracht.

Seine Mutter war irgendwo als Dienstmagd tätig. Sie kümmerte sich nicht um ihren Buben, den sie unehelich geboren hatte.

Paul hatte das Schicksal eines ›verschupften Kindes‹ erfahren. Er war von einer Pflegestelle zur anderen gegeben worden. Niemand begehrte ihn lange bei sich zu behalten, weil er ein Bettnässer war. Das Übel verschwand erst, nachdem er neunjährig geworden und eben wieder den Pflegeplatz gewechselt hatte. Er traf es in eine Familie, die einen gleichaltrigen Sohn hatte, mit dem sich Paul vom ersten Augenblick an befreundete. Außerdem war die Bäuerin eine stark mütterliche, geduldige, gütige und ruhige Person, die sich jede Mühe gab, den aufgenommenen Buben wie ihren eigenen zu halten.

Wahrscheinlich war ihr zu verdanken, daß Paul das Bettnässen aufgeben konnte. Ohne daß sie etwas Besonderes tat, wirkte sie durch ihre Erscheinung und Haltung beruhigend auf den Verdingknaben.

Die Besserung war Folge des angstfreieren Milieus, der Bindung an die Pflegemutter und an deren Sohn.

So durfte Paul endlich mehrere Jahre am gleichen Platz bleiben.

Er war intellektuell nicht schlecht begabt. Als Elfjähriger bestand er das Eintrittsexamen in die Sekundarschule (einer Art unterer Mittelschule) ohne Schwierigkeiten und zeigte sich dann auch als einer der besten Schüler seiner Klasse.

Mit Paul zusammen hatte sich auch der Sohn des Pflegevaters zum Examen gestellt. Aber er war durchgefallen. Da man das Examen ein Jahr später wiederholen kann, wurde beschlossen, Paul habe mitzuhelfen, den Bauernsohn daraufhin zu drillen. Der Verdingbub tat dies gern. Im nächstfolgenden Frühjahr schlüpfte auch der Freund durchs Examen. Aber er mußte in die erste Klasse eintreten, während Paul sich nun bereits in der zweiten befand. Die Familie war enttäuscht. Sie hatte gehofft, man werde ihren Sohn in die seinem Alter entsprechende Klasse aufnehmen, um so mehr als er das Jahr durch immer die Aufgaben, die Paul zu machen hatte, mit löste. Man schämte sich, daß der Verdingbub dem eigenen in der Schule überlegen, vorgezogen war.

Dieser Umstand hatte schwerwiegende Folgen. Er trübte allmählich und mehr und mehr das gute Gefühlsverhältnis zwischen den beiden Knaben und zwischen Paul und der Pflegefamilie. Daraus ergab sich der Nährboden für eine große Kindertragödie.

Zwar, man behielt Paul auf dem Hofe, denn man konnte ihn als tüchtige Hilfe bei der Landwirtschaft wohl verwenden. Er ersetzte ein Knechtlein und er brachte außerdem jeden Monat ein kleines, deswegen nicht weniger erwünschtes Pflegegeld ein. Aber man entfernte ihn aus der Stube des eigenen Sohnes, wo man ihm einst eine Bettstelle angewiesen, und brachte ihn in einen sogenannten ›Gaden‹, einem Zimmerchen im Scheunentrakt neben dem Wohnhause unter. Paul mußte seinen neuen Schlafraum mit dem jungen Melker teilen. Dieser reichte Paul Abenteuerliteratur-Heftchen, die der Bub mit gespanntem Interesse verschlang. Es lag davon ein Stoß auf einem Brett über der Bettstelle des Melkers, und dieser erlaubte seinem Stubenkameraden, sich des Vorrats nach Belieben zu bedienen.

Unter den Heftchen fand Paul einmal auch eine andere Sorte Schundliteratur vertreten: eines jener berüchtigten Traktätchen zur Bekämpfung der Onanie, wie sie von Winkelärzten verfaßt und in Winkelbuchhandlungen vertrieben werden.

Paul, voller Neugierde, ließ sich vom Melker weiter informieren, fing mit den verpönten Praktiken auch an und ängstigte sich deswegen genau gleich wie sein älterer Lehrmeister.

Als eines der besten Mittel, um den Gelüsten Widerstand leisten zu können, hielten die beiden das Lesen. Paul fand daran überhaupt großen Gefallen und war allmählich darauf erpicht, sich auch eine ›Bibliothek‹ anzulegen.

Mitten im Dorfe führte eine alte, halb blinde und halb taube Frau einen Kiosk, und dort konnte man sich neben vielem anderen Krimskrams auch die Heftchen mit den romantischen Überschriften und den viel versprechenden buntfarbigen Umschlagbildern verschaffen.

Paul erhielt mitunter kleine Geldbeträge. Auf dem Wege zur Schule und zur Käserei mußte er an einem anderen abgelegenen Hofe vorüber. Die kinderlose Bäuerin, die dort wohnte, trug dem Buben ab und zu Botengänge auf und schenkte ihm zum Lohn einen Zwanziger.

Damit erstand sich Paul nicht etwa Eßwaren oder Schleckereien, er kaufte Schundliteratur.

Und jetzt begann er zu stehlen. Kam er zu dem Kiosk, wartete er ab, bis er mit der Greisin allein war. Dann fragte er scheinheilig, ob er nachschauen dürfe, was für Hefte ihm paßten und welche er noch nicht gelesen habe. Die Frau erlaubte dies bereitwillig. Schaute sie nun nicht gerade hin, ließ Paul ein Heftchen in der Busentasche verschwinden, oder gar mehrere, und schließlich kaufte er obendrauf eines. Gelegentlich machte er es auch so, daß er zwei Heftchen ineinander legte, was die Verkäuferin nicht merkte, und nur das eine bezahlte.

Die Sache klappte wunderbar. Der Kioskhalterin fiel nichts auf, und Paul hätte frohlocken können, tat es wahrscheinlich auch. Denn Kinder drängt es, sich dafür zu rächen, daß sie von den Erwachsenen nicht als ihresgleichen und für ›voll‹ genommen werden; besonders die Halbwüchsigen freuen sich regelmäßig, wenn sie Erwachsene düpieren können. Es ist dies Balsam auf die Minderwertigkeitsgefühle der ins Pubertätsalter Eingetretenen.

»Wie?« fragen sie sich. »Sind die Erwachsenen so leicht zu hintergehen? Ich muß mich getäuscht haben, als ich sie für so klug und mir überlegen hielt! Sie sind dümmer als ich, ich vermag sie zu überlisten!«

Auch Paul wird in solchen Gefühlen geschwelgt haben. Allmählich jedoch und immer stärker geriet er unter Gewissensdruck. Er machte sich Selbstvorwürfe und begann, sich seiner Diebereien wegen zu ängstigen.

So behauptete er während der später vorgenommenen Untersuchung. Ihn erfaßte das Gefühl der Verworfenheit. Aber er stahl wie unter einem Zwange weiter, auch um sich bei dem Stubenkameraden beliebt zu machen, indem er neue Romane heimbrachte. Den Zwang können wir verstehen, wenn wir in Betracht ziehen, daß die Lektüre der Onaniebekämpfung diente.

Paul glaubte, er sei der einzige Bub seiner Klasse, der Unrecht beging und heimlich schuldig war. Und schließlich schien ihm, die anderen errieten, was er tat, empfänden, daß etwas mit ihm nicht ganz ›sauber‹ sei, und daß sie den Umgang mit ihm mieden, sich von ihm abwendeten. Als Unehelicher und Verdingbub hatte er ohnehin keine leichte Position unter den Kameraden.

Paul fühlte sich *isoliert*.

Deshalb fing er an, seinen wenigen Freunden von den Heftchen zu leihen oder zu schenken; er gab den Buben an, er habe sie vom Melker erhalten. Er fand begeisterte Abnehmer, und sie mehrten sich allmählich. Paul merkte, daß er sich, wenn er solche Literatur vermittelte, neue Freundschaft gewinnen konnte.

Aber sein Gewissen schwieg nicht.

Um nicht *allein* ein Dieb zu sein, verfiel Paul auf den Gedanken, die Kameraden anzuleiten, das Gleiche wie er zu tun. Er wählte die vertrautesten aus, gestand ihnen prahlend, wie man die Kioskfrau hinters Licht führen und sich Heftchen verschaffen könne. Die Alte zu betrügen und zu bestehlen wurde als Mutprobe und Heldenstück dargestellt. Die Buben entdeckten, daß sich die Frau noch viel leichter ausplündern ließ, wenn gleich zwei oder drei ›Käufer‹ auftraten. Während der eine Bub ihre Aufmerksamkeit auf sich lenkte, sie befragte, sie irgendwie beschäftigte, ›bedienten‹ sich die anderen nach Herzenslust.

Man zog weitere Kameraden ins Vertrauen, bis es zuletzt ein Dutzend war. Dabei gelang es, auch die Söhne der Dorfhonoratioren zu gewinnen. Was ›in den besten Familien‹ vorkam, das war keine so außerordentlich große Sünde mehr, sagte sich Paul, um die Gewissensbisse zu beschwichtigen.

Sein Gewissen wollte sich immer noch nicht besänftigen lassen.

Da gab er die Diebereien auf. Er leitete nur noch die Freunde an, heckte die Pläne aus. Und die anderen rissen sich um die Ehre, sie auszuführen, um damit ihre Unerschrockenheit, ihren Wagemut, ihre Listigkeit zu beweisen.

Die Bande stahl längst nicht mehr nur Schundheftchen, sondern alles mögliche, was der Schar in die Hände fiel: Zigarettenpäckchen, Kaugummi, Zuckerzeug, Postkarten, Bleistifte, Schokolade, Früchte usw. An verabredetem Orte traf man sich, und der Führer verteilte das Diebesgut so gleichmäßig als möglich.

Nach einiger Zeit änderte Paul sein Verhalten abermals. Er ordnete die Diebstähle nicht mehr selber an und überließ die Rolle des Befehlsgewaltigen dem Sohne des Notars. Paul gab nur noch Ratschläge, wie man einen Streifzug durchführen könnte, wenn er darum befragt wurde. Er zog sich gleichsam, wie es die bäuerlichen Großeltern tun, ins Altenteil zurück und spielte den überlegenen Mitwisser und Gönner. Vom Diebesgut beanspruchte er einen je länger desto geringeren Teil.

Trotzdem fühlte er sich weiter in seinem Gewissen belastet, trug immer schwerer daran, obwohl er sich sagte, er habe nun schon lange jedes Stehlen unterlassen.

Eines Tages begibt er sich mit einer brennenden Zigarette – es war eine aus dem Diebesgut – in die Käserei. Ein angesehener Bürger, ein Fabrikant und Geschäftsmann, trifft ihn an, ärgert sich über des Buben Gebaren und stellt ihn zur Rede.

»Du rauchst!«

Paul nimmt die Zigarette nicht aus dem Munde. »Ja, das tue ich!«

Der Herr, zornig werdend über des Buben Frechheit, reißt ihm die Zigarette weg und zertritt sie. »Weißt du nicht, daß Schüler nicht rauchen sollen?« herrscht er den Sünder an.

Paul lacht ihm frech ins Gesicht: »Andere Buben rauchen ja auch!« erwidert er, und im Ton, wie er es sagt, ist etwas Anzügliches, das den Fabrikanten aufhorchen läßt.

»Bist du nicht ein Schulkamerad – gehst du nicht in die selbe Klasse wie mein Sohn?« erkundigt er sich.

Paul nickte. »Doch – und euer Myggeli raucht auch!« sagt er kühl. »Sogar die gleiche Sorte Zigaretten wie ich sie hier habe«, und er zieht zwei Stück davon hervor.

Der Herr ist perplex.

Paul läßt ihn stehen und geht weiter.

Und nun ist das Verhängnis in Gang gesetzt.

Der erboste Vater läuft nach Hause und nimmt seinen Myggeli, einen Angehörigen der Diebesbande, ins Gebet. Der Sohn, in die Enge getrieben, verteidigt sich, indem er dem Vater die Mitglieder des Bubenkollektivs verrät, von den Diebestaten erzählt und den verführten, reuigen Sünder spielt, alle Schuld auf die Kameraden schiebend.

Der Mann sucht die Kioskhälterin auf. Sie behauptet, längst gemerkt zu haben, es fehle ihr dies und das, aber sie hätte nie gedacht, sagt sie, daß Knaben aus geachteten Familien sie bestehlen würden. Sie tut wie eine Megäre und verständigt den Landjäger, stellt Ersatzforderung. Es hagelt Untersuchungen, und das Ergebnis davon ist, daß man Paul als Rädelsführer feststellt.

Er wird ohne weiteres aus der Sekundarschule ausgewiesen. Die Pflegeeltern erklären, sie könnten den verbrecherischen Knaben schon deshalb nicht länger unter einem Dach mit ihrem eigenen Sohn behalten, weil Paul nachgewiesenermaßen andere verführe.

Man bringt Paul in eine Erziehungsanstalt. Die übrigen Mitglieder der Bande kommen mit einem strengen Verweis davon.

Die Jugendanwaltschaft, welche die Angelegenheit zu erledigen hatte, zog einen Psychologen zur Untersuchung bei. Er erreichte, daß Paul in ein Heim kam, das von einem sehr verständigen Hausvater geleitet wurde. Der Bub fühlte sich bei ihm bald wohl und konnte später ein Handwerk erlernen.

Pauls Geschichte ist insofern instruktiv, weil sie eine besondere Gewissensreaktion illustriert: die *Bandenbildung*.

Während der psychologischen Untersuchung wurde deutlich, daß die starken *Schuldgefühle* noch aus einer anderen Quelle als nur aus derjenigen, welche die Diebstähle betrafen, aufbrachen, hervorquollen. Paul war vom Melker zur *Onanie* verführt worden, haben wir gehört. Er bekämpfte sie durch Schundlesen. Dies bedeutet, daß das *Schundlesen* für den Knaben ein *Onanieersatz* war. Es kam hinzu, daß Paul bei Diebstaten eine ähnliche *Angstlust* empfand wie beim Onanieren. Die Vorwürfe, die das Gewissen erhebt, drängen Paul dazu, wieder in die Gemeinschaft zurückzukehren. Statt daß dies auf dem ordentlichen Wege der Reue, des Geständnisses und der Sühne geschieht, findet der Delinquent einen anderen Weg: *er schafft sich eine Gemeinschaft Gleichschuldiger*.

Nun ist er nicht mehr isoliert, er ist unter seinesgleichen. Da zudem Söhne aus den besten Familien des Dorfes mitmachen – Paul und seine ersten Kumpane lesen sich solche mit Absicht aus –, soll das Schuldbewußtsein auch dadurch verringert werden. Geteiltes Leid, sagt man, sei halbes Leid – und eine kollektive Schuld ist beinahe keine Schuld mehr.

Paul verzichtet auf die Onanie, er verzichtet später aufs Stehlen, auch auf die Führerrolle. Dennoch schweigt sein Gewissen nicht. Wir wissen nicht, warum dem so ist. Wahrscheinlich genügte die Fiktion, einer Gemeinschaft anzugehören, nicht. Und vermutlich war das Gewissen Pauls bereits zu differenziert, um sich mit einer Scheinlösung des Konfliktes zufrieden zu geben: es hätte sich am Vorbild der geliebten Bäuerin ausgestalten können – oder aus irgendwelchen anderen Gründen, denen wir nicht nachzugehen vermochten. Wir stellen nur fest, daß Pauls Gewissen trotz seiner Gegenmaßnahmen beunruhigt verbleibt und ihn schließlich zum *Selbstverrate* zwingt.

Wir können unter Kindern und Jugendlichen Bandenbildungen zum Zwecke der Gewissensbesänftigung beobachten, die manchmal für längere Zeit ihren Zweck erfüllen. Es organisiert sich neben der gewöhnlichen eine Geheimgesellschaft, die nicht selten gegen außen als etwas Harmloses getarnt wird. Die Bedingung zur Bildung solcher Banden ist oft, daß sie ein faszinierender Führer leitet, dessen Gewissen robuster ist als dasjenige Pauls. Um verstehen zu können, wieso bei solchen Banden nicht sofort eine unbewußte Verratsabsicht durchbricht – warum also die Bandenbildung als Gewissensbesänftigung für geraume Zeit vollauf genügt und die einzelnen Beteiligten nicht zum Selbstverrate zwingt, wie wir es bei Paul gesehen haben, müssen wir uns der affektiven Gesetze innerhalb einer Gemeinschaft erinnern.

Die Gemeinschaft wird von einem Leiter und Schöpfer ihrer selbst angeführt, in dessen Person die Geführten ihr eigenes, gemeinsames Ichideal verkörpert sehen – in den sie es projizieren[1].

Dadurch wird er zum *Maßstab* der Dinge. Das eigene Urteil ist weitgehend ausgeschaltet. Die Bandenglieder folgen nicht ihrer Vernunft, sondern ihren an den Leiter gebundenen Affekten.

Kommen sie – später – dazu, ihr schuldhaftes Tun einzusehen, sind sie über sich selber verwundert, empfinden es als ich-fremd und sagen sich und anderen, sie hätten nur Befehlen gefolgt und seien eigentlich unschuldig.

Dies konnte ich an einer weiteren jugendlichen Diebsbande beobachten. Sie wirkte in einer Stadt. Um sie erwischen zu können, war nötig, ihr eine genau ausgedachte Falle zu stellen.

Man wußte allgemein, daß die Knaben sich zu ›Indianer-Stämmen‹ organisierten, und niemand ahnte, daß einer davon auch noch etwas ganz anderes trieb als harmlose und romantische Spiele.

Der Häuptling war ein bestechend hübscher Bub, fünfzehn Jahre alt, Sohn eines gehobeneren Arbeiters, Progymnasianer, aber lange nicht der Beste oder Kräftigste seiner Klasse. Ihm eignete jedoch eine Liebenswürdigkeit, wie man sie nicht alle Tage antrifft. Die anderen Buben wußten, er sei das Haupt des ›Delawarenstammes‹, und obwohl noch andere ›Stämme‹ existierten, galt es als höchste Ehre, von ›Adlerauge‹ – so nannte sich der Delawarenchef – aufgenommen zu werden. Wurde einer zu der Würde erkoren, Mitglied zu werden, fragte man ihn zuerst, ob er sich bewerben möchte, und wenn er bejahte, hatte er eine strapazenreiche und mit allerhand Prüfungen aus-

[1] Freud, *Massenpsychologie und Ich-Analyse*. Wien 1921.

gefüllte Noviziatszeit zu bestehen. Scheiterte er an irgendeinem Punkte, wurde er unerbittlich ausgeschieden. Er hatte selber auch das Recht, während der Noviziatzeit von sich aus zurückzutreten.

Zunächst mußte er seine körperliche Tüchtigkeit und seinen Mut beweisen. Eine der Mutproben war, daß ihm ›Adlerauge‹ nach genau ausgeklügeltem Plane einen Diebstahl auftrug. Vollzog er die Tat, war er gänzlich in den Händen des Chefs und der Bande, denn er mußte deren Verrat fürchten.

Die Bande verübte regelrechte Einbrüche in Weekendhäuschen, Keller, Materiallager. Ihr ›Wigwam‹, eine versteckte, schwer zugängliche Höhle im Bergwald, war großartig ausgerüstet. Sie verfügte über alle Gegenstände zum Kochen, und auch eine aus gestohlenem Zement gemauerte Wasserleitung war vorhanden. Hängematten und Teppiche, die man sich irgendwo verschafft hatte, machten die Höhle wohnlich.

›Adlerauge‹ organisierte die Einbrüche mit solcher Umsicht und Schlauheit, daß es nie gelang, die Verbrecher zu fassen. Der Tatort wurde erst genau rekognosziert. Vor der Ausführung des Einbruches beobachtete man die Gebäulichkeit. Einzelne Delawaren standen Schmiere, während ihre Kameraden den Raub ausführten. Es waren besondere Signale abgemacht. Um jede Spur zu verwischen, fuhr man in einem Kahne über den See, verbarg ihn in einem Schilfwäldchen und stieg auf unwegsamem Pfade zum Wigwam hinauf. Er führte durch ein Dickicht von Schwarzdorn, und die Öffnung verstopfte man mit Zweigen. Zuletzt mußte man eine kleine Felswand erklettern.

Im Städtchen war man längst aufgeregt über die frechen Einbrüche. Aber umsonst hatte man gefahndet, und eingesetzte Hunde verloren die Spur am Seeufer.

Auf einmal kamen auch Diebstähle in einer Klasse des Progymnasiums vor. Pulte wurden ausgeräumt, wenn Geld oder sonst etwas Wertvolles darin liegen gelassen worden war.

Aber die gepflogenen Untersuchungen blieben ergebnislos.

Immerhin ergab sich der Hinweis, es sei einer oder mehrere Diebe in der betreffenden Klasse, und da man am Seeufer eine weggeworfene oder verlorene Farbstiftschachtel fand, die einem der bestohlenen Schüler gehörte, lag der Verdacht nahe, der oder die Täter könnten die gleichen sein, welche die übrigen Einbrüche verübt hatten.

Nachdem einige Zeit verstrichen war, wurden aus dem Materialschrank des Zeichenlehrers Bleistifte, Gummi und etliche Reißzeuge ausgeräumt.

Diesmal verabredeten die Lehrer, keine Untersuchung zu veranstalten, um die Einbrecher nicht zu warnen. Dagegen versah man die

Zirkel und Federn in den übrigen Reißzeugen, die noch im Materialschranke lagen, mit feinen, dem bloßen Auge nicht auffälligen Kerbzeichen. Den Räubern war damit eine Falle gestellt.

Eines Morgens fehlten neuerdings Reißzeuge aus dem Materialschrank. Was man erwartet hatte, war eingetroffen: ein neuer Raub war ausgeführt worden. Wieder wurde keine Untersuchung durchgeführt, aber insgeheim suchte der Zeichenlehrer nach den Kerbzeichen auf den Reißzeugen seiner Schüler. Er fand keine.

Ein wenig später ließ am Nachmittag nach einer Zeichenstunde ein Schüler sein Reißzeug liegen. Der Lehrer nahm es weg und erwartete, der Schüler, welchem es fehlte, würde sich melden. Dies kam ab und zu vor.

Diesmal meldete sich niemand. Zur nächsten Zeichenstunde erschienen alle Schüler mit Reißzeugen. Der Lehrer ließ Zettel mit den Namen schreiben, befahl, diese in die Etuis zu legen, sammelte sie ein und brachte sie aufs Rektorat. Dort wurden sie mit Lupen untersucht. Auf einem davon entdeckte man das Zeichen.

Es gehörte dem ›Delawaren‹häuptling. ›Adlerauge‹ wurde ins Verhör genommen. Er behauptete, das Reißzeug in einem Gäßchen gefunden zu haben. Man konnte nichts mit ihm anfangen.

Aber die Lehrer kannten noch andere Mitglieder des Indianerstammes, und auch sie wurden vorgenommen, konfrontiert, dem Kreuzverhör unterworfen. Es ergaben sich Widersprüche in den Aussagen, einer von der Bande bekam Angst und verriet dem Turnlehrer das Wigwam. Der Turnlehrer suchte es auf und fand die Materialvorräte – und jetzt leugneten die ›Delawaren‹ nicht länger.

Vor dem Untersuchungsbeamten erklärten die Missetäter in durchaus glaubhafter Weise, sie seien mehr dem Drang nach Abenteuern und dem Befehl ›Adlerauges‹ gefolgt, dem sie sich bei der Initiation auf unbedingten Gehorsam verpflichtet hätten, als daß sie die Absicht gehabt, jemand zu schädigen und sich selber Besitz zu verschaffen. Sie zeigten Reue und verurteilten nachträglich ihre Streiche. Einer äußerte sich: »Wir überdachten gar nicht, wie weit wir uns hineinreiten ließen – es kommt mir jetzt selber ungeheuerlich vor!«

Einzig ›Adlerauge‹ blieb ziemlich ungerührt. Er saß oder stand schläfrig da, gab affektlos zu, was er verbrochen und wies mit Hohn darauf hin, nicht er, sondern seine Freunde, die ihn jetzt als Verführer darstellten, hätten die Delikte begangen. »Sie sind ebenso schlecht, wenn nicht noch schlechter als ich!« Er habe nur, da man ihn fragte, mitgeteilt, wie man die Streiche durchführen könnte.

Trotzdem entging er nicht der Strafe, in eine Zwangserziehungsanstalt eingewiesen zu werden. Die übrigen Sünder wurden in andere Schulen versetzt; die Eltern nahmen sie rechtzeitig aus dem Progymnasium heraus, damit sie dort nicht hinausgeworfen würden. Einzelne von ihnen brachte man weg, in eine andere Stadt. Ein paar Minderbeteiligte kamen mit einem Rüffel davon.

Anläßlich der Untersuchung zeigte sich ein typisches massenpsychologisches Phänomen. Trennt man das Kollektiv vom Führer, nimmt man einer Gemeinschaft den ›Kopf‹ weg, wird es in seinen Reaktionen ›kopflos‹, es tritt eine Verwirrung, eine Panik ein; das Kollektiv zerfällt, jedes Mitglied sucht sich durch Flucht zu retten. Die einstigen ›Delawaren‹ verrieten ihre Missetaten, schuldigten sich gegenseitig an im Bestreben, selber möglichst mit blankem Schilde dazustehen. Wo früher innige Freundschaft war, zeigte sich Haß.

Auch bei ›Adlerauge‹ können wir die Selbstverratstendenz beobachten. Warum veranlaßt er Diebstähle in der eigenen Schulklasse? Macht er, der sonst so listige Bursche, nicht die Lehrer darauf aufmerksam, wo nach einer Fährte zu suchen ist, um die Einbrecherbande zu finden?

Wieso passiert das Mißgeschick, daß nach einem Raubzug die Farbstiftschachtel verloren wird?

Weshalb ordnet ›Adlerauge‹ die *wiederholte* Ausräumung des Materialschrankes an?

Warum besinnt er sich nicht darauf, daß er sein Reißzeug im Zeichensaal liegen ließ, und weshalb begeht er die Unvorsichtigkeit, als er merkt, ihm fehle sein Reißzeug, einfach eines aus dem Vorrat in der Höhle mitzunehmen?

Sind alle diese Erscheinungen nicht Anzeichen dafür, daß in ›Adlerauge‹ die Selbstverratstendenz als Wirkung des unbewußten Gewissens waltet?

Denn bewußt ist der Jugendliche ja bestrebt, zu verheimlichen und zu leugnen. Er tut dies mit Erfolg sogar noch dann, als man das gekennzeichnete Reißzeug bei ihm vorfindet. Er habe es in einem Gäßchen aufgelesen, behauptet er, und niemand ist imstande, ihm nachzuweisen, er lüge.

Vom *bewußten* Willentlichen aus möchte ›Adlerauge‹ alles vermeiden, was seine Delikte ruchbar machen könnte. Vom stärkeren *unbewußten* Gewissen aus tut er schließlich alles, um entlarvt zu werden.

Endlich erwirkt er dadurch, daß er sich reuelos, trotzig und hohnvoll zeigt, eine strenge Bestrafung. Durch sein Verhalten vor den Untersuchenden fordert er diese heraus, hart mit ihm zu verfahren. Er erreicht damit, was sein unbewußtes Moralisches zur Konsolidierung des Gewissenskonfliktes nötig hat: die Verhängung einer empfindlichen Strafe.

Wenn wir die Geschichte Pauls mit derjenigen von ›Adlerauge‹ vergleichen, finden wir mancherlei ähnliche Züge. Bei Paul vollzieht sich der Ablauf nur rascher.

Aber wie bei ihm sich das Gewissen nicht durch die Bandenbildung auf die Dauer besänftigen läßt und unablässig Sühne verlangt, wirkt auch in ›Adlerauge‹ das Strafbedürfnis. Es setzt sich zuletzt durch. Wir stellen fest: »Der Krug geht zum Brunnen, bis er bricht.«

Es wurde bereits darauf hingewiesen, daß den Kriminologen wohlbekannt sei, Verbrecher verrieten sich selber. Weniger allgemeinbekannt ist, daß sie aus fehlgeleiteten Gewissensreaktionen heraus zur Bandengründung kommen und daß diese den Sinn hat, den Verbrecher aus seiner Isolierung zu befreien. Man glaubt, an der Bandenbildung seien nur rationale Motive schuld. Der Verbrecher habe Hilfskräfte nötig und vergesellschafte sich darum mit anderen Kumpanen.

Bei Paul konnten wir die hintergründigen, unbewußten Triebfedern zur Bandenbildung deutlich erkennen. Man wird sie regelmäßig auch feststellen können, wenn man Glieder aus einer Verbrecherbande einer exakteren psychologischen Untersuchung zuführt.

Man könnte nun sagen, es sei praktisch bedeutungslos, zu wissen, daß die Bandenbildung einer Reaktion des Gewissens entspricht. Wichtig seien die begangenen Delikte und die Verführung des Bandenchefs. Das Strafmaß und die Strafart haben nur darauf Rücksicht zu nehmen. Bei Paul haben wir gesehen, daß er sich besserte. Ob sich ›Adlerauge‹ gebessert hat, ist uns nicht bekannt.

Warum konnte sich Paul bessern, wurde er ein ›normaler‹ Handwerker? Nicht zuletzt darum, weil er zu einem verständigen Heimleiter kam. An seinem Vorbild, als Folge des heftigen Identifikationswunsches mit dem Heimleiter, vermochte Paul sein Gewissen zu verfeinern, sein Ich durch Neuaufbau zu normen, zu stärken. Um dies zu beweisen, müssen wir aus der Geschichte Pauls etwas nachholen: als der Bursche das Heim verließ und die Berufslehre antrat, blieb er mit dem Heimleiter weiter in Verbindung; es entstand ein Briefwechsel, und hie und da ging Paul ins Heim auf Besuch.

Es ist dies als Zeichen dafür zu betrachten, daß Paul im Heim ein ›Zuhause‹, im Heimleiter einen ›Freund‹ sah – daß also jene auf Liebe und Achtung stehende Verbundenheit aufgerichtet war, von der wir im dritten Kapitel abhandelten. Dort wurde nachgewiesen, wie auf dem Wege der Liebe, Identifikation und Introjektion das werdende

Gewissen bereichert und verfeinert wird. Paul sah sich im Heim in eine Gemeinschaft aufgenommen, die von einem Führer geleitet wurde, der durch sein Verhalten die Normalisierung der Gewissensfunktionen seiner Zöglinge bewirkte.

Dies ist in den Strafanstalten und Zwangserziehungsheimen oft nicht der Fall. Die *Strafvollzugsbeamten* betrachten sich allzu ausschließlich nur als Wächter und Vorgesetzte. Sie haben von ihrem Berufe eine allzu *polizeiliche Auffassung* und verhalten sich entsprechend, üben die ihnen durch ihre Stellung gegebene *Gewalt*[2] über die Sträflinge aus und kümmern sich nicht darum, ein freundschaftliches Verhältnis zu ihnen zu bilden. Sie sind die Überlegenen, die Befehlshaber, und ihre Untergebenen wissen, sie seien ihnen einfach ›ausgeliefert‹. Gewiß ist es nicht überall so. Aber vielenorts ist es so. Das Strafvollzugspersonal sieht seine Aufgabe darin, die Gefangenen zu beaufsichtigen, dafür zu sorgen, daß sich keiner gegen die Hausordnung vergeht und daß die aufgetragenen Arbeiten genau durchgeführt werden. Die Rentabilität des zur Anstalt gehörenden landwirtschaftlichen Betriebes etwa ist ihnen wichtiger als die Nacherziehung der Delinquenten. Man glaubt, genug getan zu haben, wenn man diese zur Arbeit anhält, weil ja die Arbeit ohne Zweifel erzieherisch wirkt.

Nicht gar so selten bilden dann die Sträflinge unter sich Gemeinschaften. Diese stehen gewöhnlich auf einer primitiven Stufe; sie sind aus dem Wunsch geboren, sich das Leben in der Strafanstalt so bequem als immer möglich zu machen, sich vor den Beamten und Wärtern zu ›decken‹ und Pläne zu schmieden, was nach der Entlassung geschehen soll.

Die Rückfallverbrechen sind häufig in der Strafanstalt ausgedacht worden. Die Kumpane einer Verbrechergesellschaft haben sich in der Strafanstalt kennengelernt.

Im Jahr 1952 erregten Verbrecher Aufsehen, welche in ein Zeughaus eingebrochen, Maschinenpistolen und Munition entwendet und nachher einen Überfall in eines unserer Postbüros durchgeführt hatten. Die Täter hatten sich in der Strafanstalt kennengelernt und dort miteinander verabredet, sie wollten sich nach der Entlassung treffen und gemeinsam neue ›Coups‹ durchführen. Bei ihrer Tat überrascht, gelang es den Verbrechern, zu flüchten und ihre Verfolger abzuschütteln. Aber nachher begingen sie kleine Fehler, die Verdacht erregten und die Fahnder auf ihre Spur lenkten.

[2] »Nur ein Mensch unter Hunderten«, sagt der englische Dichter Galsworthy, »ist imstande, seine Macht über andere nicht zu mißbrauchen.«

Wenn die von den Gerichten verhängte Strafzeit und das Einweisen der Kriminellen in eine Strafanstalt nicht erreichen, daß die Delinquenten *gebessert* werden, *dann hat die Strafe keinen Sinn*, es sei denn den einer Vergeltung, die jedoch kaum jemand etwas nützt. Daß Abschreckungsverfahren, selbst die Todesstrafe, unwirksam sind, wurde längst beobachtet und von den Kriminologen mit Statistiken bewiesen. Darum verlangen die Strafrechtslehrer und juristischen Publizisten mehr und mehr, die Sträflinge seien nicht länger nur zu bewahren, sondern auch zu *erziehen*. Man weiß nur noch nicht bestimmt, wie man diese Aufgabe lösen kann und muß. Noch fehlt die großangelegte Erfahrung, obwohl einzelne Strafanstaltsvorsteher prächtige, aufsehenerregende Erfolge erzielt haben.

Die Einsicht, daß das Gewissen des Menschen, auch das des Rechtsbrechers, eine Instanz ist, die mit dem Kollektiven in Beziehung steht – daß der Mensch es als Isolierter im Leben nicht aushält und aus innerlichen Gründen gezwungen ist, sich zu vergesellschaften, könnte zur Nacherziehung von Delinquenten ausgewertet werden.

Man müßte die Strafanstaltsvorsteher und ihr Strafvollzugspersonal über die Gewissenspsychologie und diejenige der Gemeinschaftsbildung informieren. Gestützt darauf könnten sie mit den Insassen Kollektive mit kulturellen Zielen zum Zwecke der Nacherziehung aufrichten.

Denn es ist immer, unabweislich, der Leiter oder Führer, der eine Gemeinschaft schafft und ihren Geist prägt.

Die Forderung, die wir für das Strafvollzugspersonal aufstellen, gilt noch viel mehr für die *Jugendheimleiter* und für die *Lehrer*. Auch sie sollten es verstehen, aus ihren Zöglingen und Schülern – *mit* ihnen – kulturelle Gemeinschaften zu bilden, um damit ein Stück Gewissenserziehung zu leisten; dabei müßte der dem Menschen innewohnende Drang nach Vergesellschaftung ausgewertet werden. Diese Aufgabe kann dann durchgeführt werden, wenn man ihre vielgestaltigen, vielfach verknüpften psychologischen Bedingtheiten erkannt hat.

7. Kapitel: Pseudodebilität als fehlgeleitete Gewissensreaktion

Wir haben im Verlaufe unserer Untersuchungen sechs Fehlreaktionen des Gewissens beobachten können:

1. *Erziehungsschwierigkeiten*, die ausschließlich zu dem Zwecke produziert werden, um die Strafe der Erzieher herauszufordern, die dann auf ein anderes Schuldkonto verbucht wird und es abtragen soll. Erinnern wir uns des zehnjährigen Heini, der seinen Vater belogen hat und der hernach dafür Strafe sucht, indem er den Vater reizt;

2. das *zwangsneurotische Symptom*; wir sahen es bei einem Elfjährigen, der zwanghaft Messer, Scheren und spitze Gegenstände stehlen muß und sie zwanghaft vergräbt. Er tut dies, um einer kriminellen Regung gegenüber dem Schwesterchen ausweichen zu können – also um sich selber zu schützen;

3. das *Kriminell-Werden*; wenn der ebengenannte Knabe zum Dieb wird aus Gewissensgründen, hat er gleichsam den Teufel mit dem Beelzebub ausgetrieben; er wählt ein kriminelles Symptom, um einem noch kriminelleren Impuls nicht stattgeben zu müssen;

4. das *hysterische Symptom*; es wurde auffällig, als wir die Geschichte vom ›Gottesurteil‹ erzählten, aber auch im Falle der sechzehnjährigen Judith, deren Gesichtsausschlag psychogen bedingt war und einer Gewissensregung entsprach;

5. die *Selbstverstümmelung* als *Selbstbestrafung*; sie wurde deutlich bei dem elfjährigen Land-Handwerker-Knaben, der sich an einer Maschine den Zeigefinger abschneidet, welcher ›schuldig‹ geworden ist, indem der Bub mit ihm etwas Unerlaubtes tat.

Das Extrem der Selbstverstümmelung ist das Suizid, wie wir es an dem Offizier beobachteten, der sich, ohne es bewußt zu wollen, aber in geheimer Absicht seines unbewußten Moralischen, erschoß;

6. die *Bandenbildung*; sie verfolgt den Zweck, dem Gewissen vorzutäuschen, der Fehlbare befinde sich weiter in einer Gemeinschaft und habe sich durch seine Delikte nicht isoliert – was alle tun, sei kein schuldhaftes Tun mehr. Pauls und des ›Adlerauges‹ Bandenbildungen illustrieren diesen Tatbestand.

Ich möchte nun auf eine *7. Fehlreaktion des Gewissens* zu sprechen kommen, die man besonders bei Kindern nicht gar so selten beobachten kann.

Die elfjährige Nora Berger ist an einem Sommerabend mit ihrem zweieinhalb Jahre jüngeren Brüderlein Urs ganz alleine zu Hause. Ihre Eltern sind Arbeiter und Kleinbauern und bei einem Großbauern in der Nähe zu einer ›Sichelten‹, das ist das Fest nach beendeter Ernte, eingeladen. Die Familie Berger bewohnt abseits des Dorfes ein kleines Heimwesen. Es steht auf einem Hügel. Das nächste Haus ist unten an der Landstraße, zwei Minuten entfernt.

Die beiden Kinder spielen vor dem Häuschen, als es vom Kirchturm acht Uhr schlägt, und eben will Nora mit dem Brüderchen zu Bett gehen, wie ihr befohlen worden ist, da sieht sie über der Scheune aus der Luke ein Räuchlein aufsteigen.

Sie erschrickt und weiß sofort, was dies zu bedeuten hat. Sie faßt Urs an der Hand, trabt schnurstracks über Wiesen und Felder ins Haus unten und meldet, der Heustock habe Feuer gefaßt. Der Bauer ruft die Knechte, im Nu sind sie oben und beginnen mit Löschen. Die Bäuerin alarmiert telephonisch die Feuerwehr. Als sie ankommt, hat der Nachbar mit seiner Knechtmannschaft das Feuer schon fast ganz gelöscht. Beim Haus hatte er alte Hanfschläuche vorgefunden, die Vater Berger zum Jaucheausführen benutzte. Der Nachbar hat sie an den Hydrantenstock angeschlossen, in die Scheune geleitet, die Knechte haben den glimmenden Heustock auseinandergerissen und Heu und Emd ins Freie geworfen.

Es ist nur geringer Schaden entstanden.

Was sagen wir von der kleinen Nora?

Wir loben: »Ein gescheites Kind ist sie, ein kluges Kind! Sie hat weiser gehandelt, als es manch ein Erwachsener getan hätte! Sie verlor den Kopf nicht und tat genau das, was am nötigsten war! – Ein intelligentes Kind, diese Nora!«

Nein, sie ist gar kein intelligentes Kind! In der Schule leistet sie nichts, obwohl der Lehrer zugibt, sie strenge sich an, sei aufmerksam, gehorche gut. Aber Nora ist dumm und hat schon einmal eine Klasse repetieren müssen. Man kann voraussehen, daß sie, weil sie trotzdem beim Unterricht nicht zu folgen vermag, später nochmals sitzenbleiben, nochmals eine Klasse wiederholen muß, und wäre eine Hilfsschule in erreichbarer Umgebung, man würde sie dorthin verbringen.

Nora ist debil.

Ihre Eltern wissen, weshalb. Die Mutter berichtet: »Mein Mann hat das Kind ›dumm geschlagen‹, als es etwas über vier Jahre alt war!«

Unsere Neugier ist geweckt. Warum denn der Vater Berger, den man sonst nicht als einen Rohling kennt, sein Töchterchen dumm geschlagen habe, möchten wir wissen.

Die Mutter erzählt: »Das Mädchen sollte einmal, es war damals ungefähr vier Jahre alt, sein Brüderchen, das damals noch in der Wiege lag, hüten, während wir draußen auf dem Felde arbeiteten. Auf einmal vernahmen wir, daß Urs mörderlich schrie. Es mußte etwas ganz Besonderes passiert sein. Ich lief hinzu, mein Mann kam hinten nach. Nora hatte Urs mit einer Schere traktiert, darum schrie der Bub. Er blutete, und wir waren gerade noch zur rechten Zeit gekommen, um ein größeres Unglück zu verhindern. Ich habe meinen Mann noch nie so außer sich vor Zorn gesehen. Er schlug Nora halb tot, und wer weiß, was geschehen wäre, hätte ich ihm schließlich nicht gewehrt. Davon ist das Mädchen dumm geworden!«

»Mit einer Schere traktiert?« fragen wir und sind entsetzt.

»Und wie!« erklärt der Vater in einem Tone, daß man ihm noch jetzt, nach Jahren, seinen Affekt anmerkt. »Sie hat ihn ›heilen‹ (= kastrieren) wollen! Und da sollte man nicht wütend werden?«

»Wieso hat sie ihn denn kastrieren wollen, den kleinen Bruder?«

»Gott weiß warum! – Vielleicht hat sie einmal dem Tierarzt zugeschaut, der es mit den Ferkeln machte, ich weiß es nicht. – Jedenfalls zeugt ihr Tun davon, daß sie schon vor meinen Schlägen nicht ganz hell im Kopfe war. Ein normal intelligentes Kind täte so etwas doch gewiß nicht!«

Was uns die Eltern Berger mitteilen, ist weder nachträglich rekonstruiert, noch in der Formulierung erfunden.

Im Frühjahr nach dem Brandunfall kam Nora in der Schule zu einem anderen Lehrer. Dieser zweifelte an des Mädchens Debilität. Nora konnte nämlich sehr gute Aufsätzchen – obzwar voller Orthographiefehler – verfassen, und die Illustrationen mit Farbstiften zeugten nicht nur von zeichnerischem Talent, sondern auch von guter intellektueller Auffassung. Sie waren belebt und dramatisch. Es kam hinzu, daß der Lehrer von dem Verhalten seiner Schülerin während des Brandausbruches hörte. Er überredete die Eltern Berger, Nora zu einem Psychologen zu bringen.

Sie taten es ungern – begreiflich. Vater Berger war sich seiner Schuld bewußt, und es war für ihn nicht eine angenehme Sache, darüber Rede stehen zu müssen.

Vor dem Psychologen wurde dann das Gespräch geführt, wie wir es eben zu hören bekamen.

Nora besann sich an die Kastrationsgeschichte sehr wohl. Bei genauerer Untersuchung jedoch zeigte sich eigentümlicherweise, daß sie sich nicht direkt daran erinnerte. Sie wußte von gar keiner Einzelheit mehr. Sie erzählte nur, was die Eltern ihr ab und zu vorhielten. Im

Grunde hatte Nora die Szene mit dem kleinen Urs vollständig vergessen.

»Verdrängt«, würden wir sagen. Der Sachverhalt lag ähnlich wie bei jener Pseudo-Epileptischen, von der im fünften Kapitel die Rede war. Es wird angezeigt sein, den *Unterschied zwischen gewöhnlichem Vergessen und Verdrängen* rasch zu umschreiben. Wir ›vergessen‹ etwas, das uns nicht weiter interessiert. Wir haben, beispielsweise, in der Schule einst die chemische Formel von der Zusammensetzung des Kochsalzes ganz genau gewußt; dann wurden wir aus der Schule entlassen, brauchten die Formel im praktischen Leben nicht mehr zu wissen und vergaßen sie. Sie ist für uns bedeutungslos geworden.

Was Nora als bald fünfjähriges Mädchen erlebt hat, war für sie gewiß nicht bedeutungslos. Die alte Psychologie behauptet, daß all das in unserem Gedächtnis haften bleibe, was mit Affekten verbunden sei. Es wird niemand daran zweifeln können, daß das Erlebnis Noras mit sehr heftigen Affekten gekoppelt sein mußte. Weshalb hat sie es trotzdem vergessen?

Der Satz der alten Psychologie über Wiedererinnern und Affekte bedarf einer Korrektur. Es ist möglich, daß wir etwas vergessen, *obwohl* es mit Affekten erlebt worden ist. Gerade die Affekte sind am Vergessen schuld. Sie waren dermaßen peinlich, daß wir die Erinnerung daran nicht ertragen. Das Vergessen, das wir ›Verdrängen‹ nennen, soll uns vor einer Erinnerung schützen, die mit peinlichen oder sonstwie hochgradig unlustigen Affekten legiert ist. Unser Seelisches schützt sich durch einen besonderen Vorgang, den wir *›Ungeschehenmachen in der Phantasie‹* nennen können, *›Totstell-Reflex‹*, oder eben *›Verdrängung‹*. »Was ich nicht weiß, macht mir nicht heiß!« sagt ein altes Sprichwort. Wir fügen bei: »Und was ich *nicht mehr* weiß, macht mir nicht mehr heiß!«

Das Verdrängen, im Unterschied zum gewöhnlichen Vergessen, entspricht einem *Abwehrmechanismus* unserer Seele, es macht etwas Peinliches scheinbar – nämlich für unser Bewußtes – inexistent.

Wohin denn wird etwas ›verdrängt‹? Ins Unbewußte. Dort ›ruht‹ es aber nicht, wie man sich gewöhnlich vorstellt. Es *wirkt*. Es wirkt auf das Verhalten des Menschen. In welcher Art das, was Nora verdrängte, auf das Mädchen wirkte, werden wir sehen.

Nora, so sagen wir, hat ja den peinlichen Vorfall mit dem Brüderchen gar nicht ›verdrängen‹ können. Dafür sorgten die Eltern, die dem Töchterchen immer wieder vor Augen hielten, was es mit dem kleinen Urs hat vornehmen wollen.

Es gibt Psychotherapeuten, die gleicher Ansicht sind. Vor die Aufgabe gestellt, ein Kind von einem *Pavor nocturnus* zu befreien, erkundigen sie sich bei den Angehörigen über Szenen, die dem kleinen Patienten Angst eingejagt haben. Sie forschen nach der Angst-Ur-Szene. Gelingt es ihnen, sie zu eruieren, erzählen sie sie dem Patienten und ›deuten‹ ihm sein Symptom. Sie glauben, jetzt müsse es verschwinden, da es doch aufgehellt sei, und da das Kind nun wisse, weshalb es sich ängstige und wie die entsprechenden Träume, als deren Folge es in der Nacht aufschrickt, entstehen.

In der Regel aber tritt keine Heilung ein. Denn das *Wissen* und die *Deuterei* nützen dem Patienten nichts. Was sein Symptom aufbaut, sind affektive und nicht intellektuelle Sachverhalte, worauf immer wieder hingewiesen werden muß, da darüber so viele Mißverständnisse bestehen. Es kommt bei der Behandlung nicht darauf an, daß dem Patienten etwas intellektuell ›erklärt‹ werde, sondern daß er etwas wieder*erlebe* und im Wiedererleben realitätsgerechter bearbeite, als ihm dies im Moment des Verdrängens einst gelungen war.

Es ändert an Nora nichts, wenn ihr von den Eltern und von anderen erzählt wird, was sie einst getan hat, und wie die *Pseudodebilität* – um eine solche handelt es sich bei ihr – auf die Szene mit Urs und das schmerzhafte Erlebnis mit dem strafenden Vater zurückzuführen sei. Die ursprüngliche gute intellektuelle Begabung des Mädchens, die beim Brandausbruch zum Vorschein kommt, und deren Anzeichen da und dort auch in der Schule feststellbar sind, kann sich erst dann wieder voll entfalten, wenn Nora Gelegenheit verschafft wird, ihre einstigen Affekte Urs gegenüber wiederzuerleben.

Es geschah dies während der Behandlung.

Unsere Sprache, die menschliche Sprache überhaupt, ist sehr arm an Ausdrücken für die exakte Bezeichnung von Affekten. Wir verfügen nur über sehr vage Begriffe, die Säcken gleichen, von denen wir nicht bestimmt wissen können, was darin liegt. Ein jeder phantasiert hinein, was *er* sich denkt.

Wenn ich sage, Nora habe Urs wohl geliebt, aber zugleich gehaßt, und dem Haß auf den Bruder sei der schwesterliche Verstümmelungswunsch entsprungen, stifte ich nur eine heillose Verwirrung. Denn Ausdrücke wie ›Liebe‹, ›Haß‹, ›Ambivalenz‹ usw. sind ungenügend.

Eher ist das, was Nora erlebt hat, deutlich zu machen, wenn ich ihre Phantasien, die sich um sie selber und Urs drehten, erzähle.

Nora hatte als kleines Mädchen einmal beobachtet, daß die Buben anders aussehen als sie. Sie sah die Knaben des Nachbars beim Urinieren, die Knaben sahen sie beim Urinieren. Die kindliche Neugier wurde geweckt. Man betrieb sogenannte ›Dökterlis-Spiele‹, untersuchte einander gegenseitig. In dem Mädchen erwachte Neid, als es beobachtete, daß die kleinen Freunde, anders als sie, ein Glied besaßen. Darüber machte sie sich ihre Gedanken. Sie ergab sich der Hoffnung, das Fehlende werde ihr nachwachsen. Darauf wartete sie. Sie machte sich aber noch andere Gedanken, denn die Wunde des Benachteiligt- und Zukurzgekommenseins schmerzte weiter wie ein Geschwür, das nicht abheilen will. Nora stellte sich vor, sie sei ursprünglich ein Knabe gewesen, und man habe ihr das Glied weggeschnitten. Sich über diese Phantasien bei den Eltern zu äußern, hütete sie sich; erstens handelte es sich mehr um dunkle ›Träumereien‹, die ihr kaum bewußt wurden, und zweitens wußte sie aus vielen Erfahrungen, man dürfe nicht über Dinge sprechen, bei denen es sich um die unteren Körperpartien handelte. Merkte die Mutter, daß Nora mit den Händchen am eigenen Leibe Untersuchungen trieb, schlug sie das Mädchen auf die Finger. Die ›Dökterlis-Spiele‹ waren auch unter »Pfui!« und »Das tut man nicht!« verboten worden. Was ›unten‹ war, war ›unsauber‹ – dies war Nora bereits während der Reinlichkeitsgewöhnung eingehämmert worden.

Größere Buben hatten Nora ausgelacht, wenn sie so da saß, daß man unter ihre Röcke sehen konnte, während sie sich nicht scheuten, öffentlich zu urinieren und damit zu prahlen, wie weit weg und wie hoch an eine Mauer hinauf sie den Harnstrahl spritzen konnten. »Mach's nach, wenn du kannst!« hatten sie Nora zugerufen, höhnisch; denn sie wußten wohl, daß das Mädchen es nicht nachahmen konnte.

Allmählich gab das Mädchen die Hoffnung auf, wie ein Bub zu werden. Die Phantasie, man habe sie verstümmelt, festigte sich zur Überzeugung, als sie einmal blutige Wäsche der Mutter entdeckte. Also war auch ihr, der Mutter, etwas angetan worden – wohl allen Mädchen und Frauen. Der Beweis war erbracht!

Wer hatte der Mutter etwas angetan? Doch wohl gewiß der *Vater* – wer denn sonst? Er zog Nora ja auch offensichtlich den Urs vor.

Eifersucht und Neid erfaßten das Mädchen in so starkem Maße, daß es dem Bruder antun wollte, was ihr, Nora, angetan worden war.

Die überstrenge Strafe bewirkte den Untergang ihres ›Kastrationskomplexes‹, den sie am Brüderchen hatte aktivieren wollen.

Es ist eine Vereinfachung, wenn ich sage, der Kastrationskomplex sei darum untergegangen, weil der Vater Nora strafte. Genauer formuliert ist, wenn gesagt wird: die Strafe leitete dem Untergang des Kastrationskomplexes Vorschub. Nora war ungefähr fünfeinhalb

Jahre alt, als die endgültige Verdrängung sich vollzog. Dafür stehen in ihrer Geschichte mehrere Indizien:

1. beobachteten die Eltern an ihr eine peinliche Gewissenhaftigkeit in bezug auf Ordnung, Reinlichkeit, Schamhaftigkeit;

2. konnte Nora, die vorher bereits als gute Rechnerin geglänzt, auf einmal nicht mehr bis zehn zählen; sie schien vergessen zu haben, was ihr früher keine Mühe machte;

3. beklagte sie sich unter Tränen über sich selber, sie denke »schlimme Worte« über den Vater;

4. wurde sie eine Zeitlang sehr ›fromm‹, sie wollte beständig und endlos beten und entwickelte vor dem Schlafengehen ein ganzes Bet-Zeremoniell: sie mußte, nach allen Seiten gewendet, Gebete sprechen;

5. den Eltern gegenüber war sie außergewöhnlich fügsam und lieb, und von Urs ließ sie sich vollständig beherrschen;

6. sie zeigte Gewissensbisse, wenn sie zufällig eine Ameise zertrat; Insekten wie Mücken, Fliegen, Käfer usw. tat sie nichts zuleide, während sie diese zu früheren Zeiten totgeschlagen;

7. sie nahm die Storchenfabel wieder auf, obwohl sie als Viereinhalbjährige – damals hatte eine Tante ein Kind bekommen – von der Mutter richtig aufgeklärt worden war;

8. sie äußerte sich bei dieser Tante, es bestehe kein weiterer Unterschied zwischen Buben und Mädchen, als daß diese Röcke und lange Haare, die Knaben dagegen Hosen und kurze Haare trügen;

9. das einst aufgeschlossene, lebhafte Kind wurde zurückhaltend, mißtrauisch, uninteressiert. Es *fragte* nicht mehr, sprach überhaupt weniger als früher;

10. als Nora, damals sechs Jahre alt, einmal beim Abwaschen ein Zuckerstücklein schleckte, ohne vorher um Erlaubnis gefragt zu haben, weinte sie lange Zeit über ihre ›Missetat‹, gestand sie sofort und freiwillig vor der Mutter, und obwohl diese nur darüber lachte, wollte sich das Töchterchen nicht beruhigen – so als ob es eine große Sünde begangen und sich schwere Schuld aufgeladen hätte.

Es würde viel zu weit führen, sollte detailliert nachgewiesen werden, daß und wie alle diese zehn Erscheinungen auf die Verdrängung des Kastrationskomplexes zurückzuführen sind. Es sei mehr nur summarisch darüber referiert, und wir wollen zunächst zwei Erscheinungen herausgreifen: die Übergewissenhaftigkeit (Punkte 1 und 10) und das Nichtmehr-Rechnenkönnen (Punkt 2), das den Beginn der ›Verdummung‹ andeutet.

Warum wurde der Kastrationskomplex verdrängt, also all die Gefühle, Phantasien und Gedanken, welche sich Nora darüber gemacht, daß sie ein Mädchen sei und anders aussehe als der Bruder und die anderen Buben – jener Komplex, der einst, als er in der ersten Blüte stand, die Vierjährige dazu antrieb, Urs mit der Schere zu traktieren?

Die Antwort auf unsere Frage lautet: weil sich Nora dieses Komplexes nicht anders erwehren konnte, als daß sie ihn durch die Verdrängung inexistent zu machen suchte, was ihr (in bezug auf ihr Bewußtes) auch gelang.

Sie wollte etwas nicht mehr wissen, das sie wußte – gewußt hatte – weil ihr Über-Ich dagegen Einspruch erhob. Vor allem sollte diejenige Seite ihres Kastrationskomplexes unwirksam gemacht werden, welche sie einst dazu veranlaßt hatte, sich an Urs zu vergehen – also der ›aktive‹ Anteil. Das unbewußte Moralische erhob Einspruch gegen die Gefahr der Aggression (= Drang zum Angreifen), die durchbrechen wollte.

Nora weiß auf einmal nicht mehr, was sie weiß. Sie weiß nicht mehr, daß sie ein Mädchen ist und was dies eigentlich bedeutet – Mädchen und Knaben unterscheiden sich nur durch die Kleidung und Haartracht. Sie weiß auch nicht länger, wie die kleinen Kinder entstehen, obwohl ihr dies die Mutter klipp und klar mitgeteilt hat. Denn das, was die Mutter mitgeteilt hat, bezieht sich auf die für Nora ›tabu‹ gewordenen unteren Körperpartien. Es hat seinen guten Sinn, daß Nora auffällig reinlich, ordentlich und schamhaft wird. Diese Eigenschaften werden entwickelt, um die Funktionen und Organe des Unterleibes zu leugnen.

Der Prozeß geht nicht ohne bedeutsame innere Kämpfe vonstatten. Nora sieht sich genötigt, im Gebet Gott zu Hilfe zu rufen. Sie fühlt sich unsicher und begehrt den göttlichen Schutz, sie wird ›fromm‹ und gefügig.

Wenn sich in ihr die dunklen Gefühle und die Vorwürfe gegenüber dem Vater – es wurde erwähnt, daß die Tochter ihn für die eigene Kastration und für die der Mutter verantwortlich machte – regen wollen und sie ›schlimme Worte‹ über ihn denkt, zwangsmäßig, dann beschuldigt sie sich selber und weint über ihre Schlechtigkeit. Ihr Gewissen bedrängt sie so sehr, daß sie nicht mehr imstande ist, einem Insekt etwas zuleide zu tun oder ein Stücklein Zucker zu entwenden. Selbst wenn sie merken kann, die Mutter nehme Noras Näscherei nicht tragisch, will das Gewissen sich nicht beruhigen.

Darum ist es nicht verwunderlich, daß das Mädchen seinen ehemaligen Frohmut verliert, zurückhaltend und mißtrauisch wird.

Aber – weshalb wird Nora *uninteressiert*, warum *fragt* sie nicht mehr, und wieso *verlernt* sie das Rechnen?

Wir haben gesehen: die Tochter will etwas nicht mehr wissen, was sie weiß, und es gelingt ihr schließlich, es nicht mehr zu wissen: die Kastrationsphantasien werden verdrängt.

Es geschieht dabei etwas, wie wenn ein stark fließender Wasserstrahl durch eine allzu weite Röhre saust: er reißt die Luft mit sich. Und bei der Verdrängung des Kastrationskomplexes wird der ganze Wissenstrieb des Mädchens gleichsam ›mitgerissen‹, – mehr noch, die Intelligenz überhaupt: etwas in Nora *will ›überhaupt nichts mehr wissen‹*, um nicht länger zu wissen, es gebe zweierlei Menschen – es gebe tabuierte Partien am Körper – und es gebe ganz bestimmte Gedanken und Phantasien, die sich das Kind darüber gemacht hat, ferner diesen Phantasien entsprechende Antriebe, die sich in ihm regten. Nora wird ›dumm‹.

Sie wird ›dumm‹ aus Gewissensangst, das heißt, um die Gewissensangst zu vermeiden. Sie kann nicht mehr ›denken‹ – denn *wenn* sie dächte, könnte ihr einfallen, was sie ›weiß‹.

Wir wollen die fast nicht beschreibbaren und sehr komplizierten Trieb- und Über-Ich-Vorgänge noch anders formulieren: der ursprünglich aktive Kastrationskomplex wird gegen das eigene Selbst gewendet, die Fähigkeit, etwas zu wissen, wird gleichsam kastriert – wird abgeschnitten.

Und die Intelligenzhemmung Noras, die ›Pseudodebilität‹, entspricht einer *fehlgeleiteten Gewissensreaktion* des Mädchens.

Wenn Meng[1] einmal gesagt hat: *»Angst macht dumm!«*, gilt dies ganz besonders für die Gewissensangst, die Über-Ich-Angst.

Nora hatte den überstrengen Vater, der sie einst einer sexuellen Verfehlung wegen halb totgeschlagen, in sich als Anteil ihres Über-Ichs aufgerichtet. Dadurch wurde auch es, das Über-Ich, überstreng. Und erst unter dem Eindruck dieser intrapsychischen Entwicklung war es dem Mädchen möglich, den peinlichen ›Kastrationskomplex‹ zu ›verdrängen‹.

Ich bin mir durchaus bewußt, daß all das, was ich von den seelischen Vorgängen und Abläufen in Nora mitgeteilt habe, manch einem fremdartig vorkommen mag. Der oder jener denkt sich vielleicht, es sei da etwas ›in ein Schema gepreßt‹, ›konstruiert‹ oder ›unterlegt‹ worden. Wenn mein Bericht diesen Eindruck macht, bin ich selber daran schuld: es ist mir nicht gelungen, die Beweisführung handgreiflich genug zu führen, meine Darstellungsgabe reichte dazu nicht aus.

[1] Prof. Dr. Heinrich Meng, Basel, während einer Diskussion in der Schweizerischen Gesellschaft für Psychoanalyse.

Es kommt hinzu, daß ich – ja, daß kein Mensch die Einzelheiten der Arbeit des Psychologen mit Nora darstellen könnte, man legte denn die Stenogramme vor. Diese sind jedoch mit so vielen Nebensächlichkeiten belastet, daß es nicht nur langweilig, sondern auch mühsam wäre, sie zu lesen. Man sähe den ›roten Faden‹, der sich durch die ganze Geschichte zieht, nicht gleich und vor allem nicht immer; er wird oft auf weite Strecken dadurch verdeckt, daß Nora von aktuellen Erlebnissen, von der Schule, über Freundinnen, Spaziergänge usw. erzählt. Die heilerzieherische Technik mit einer Elf- bis Dreizehnjährigen ist ohnehin anders als die psychotherapeutische bei einem erwachsenen Menschen, der assoziieren kann und sich auf bestimmte Dinge ›einstellen‹ läßt.

Was ich vorlegte, ist nach bestimmtem Plane geordnet und zusammengefaßt. Diese Bearbeitung hat den Vorteil, daß man den ›roten Faden‹ gut sieht und verfolgen kann, und den Nachteil, daß der Ablauf ›schematisch‹ erscheinen mag. *»Ça n'empêche pas d'exister!«* würde ein Franzose sagen, und ich schließe mich ihm an.

Pseudodebilitäten, komplette und partielle, gibt es nach meiner Erfahrung viel mehr, als wir im allgemeinen glauben. Wir haben heute die Mittel, um sie erkennen und von richtigen Debilitäten unterscheiden zu können[2]. Es wäre unrichtig, anzunehmen, daß regelmäßig ein ›Kastrationskomplex‹ am Werke sei, wo sich eine Pseudodebilität entwickelt hat. Indessen habe ich, jedenfalls bei Kindern und Jugendlichen, noch kaum je eine Pseudodebilität gefunden, wobei nicht eine *vom unbewußten Gewissen herkommende* Kraft im Sinne einer Fehlreaktion mitbestimmend gewirkt hat. Gerade deswegen ist die therapeutische Arbeit mit Pseudodebilen in der Regel sehr heikel und langwierig. Das ›bessere Ich‹, das ›Höhere im Menschen‹: das allzustrenge Über-Ich verstärkt den Widerstand in oft fast unüberwindlichem Maße, und wenn die Behandlung einmal so weit gediehen ist, daß das Verdrängte ins Bewußtsein durchbricht, muß größte Vorsicht angewendet werden, damit der Patient nichts unternehme, was nachher nicht mehr gutgemacht werden kann. Sein Zustand sieht dann manchmal fast so aus, als wäre das Gewissen überhaupt zum Schweigen gebracht, und damit ist die Gefährlichkeit der Behandlung wohl am besten umschrieben.

Wenn – beispielsweise – die Pseudodebilität deshalb entstanden ist, weil das Über-Ich starke kriminelle Impulse abzuwehren hat, kann man sich fragen, ob dem ›Dummen‹ nicht besser gedient sei, wenn man ihm seine Dummheit lasse, besonders dann, wenn sie ihn nicht un-

[2] Projektive Tests, insbesondere Z-Test, Behn-Rorschach- und Rorschachtest.

glücklich macht und er sein Leben darnach eingerichtet hat. Die Inangriffnahme der Behandlung eines Pseudodebilen ist ohnehin immer schwierig.

Behandelt man Kinder, wirken manchmal auch die Eltern als Klippen, woran die Kur scheitert.

Ich hatte einmal einen Pseudodebilen, einen fünfzehnjährigen Beamtensohn, in Behandlung genommen. Es zeigte sich, daß seine Übergewissenhaftigkeit, die dann die Scheinverblödung zur Folge hatte, auf eine allzu rigorose Reinlichkeitsgewöhnung zurückging. Als seine verdrängte Analität durchbrach, auf ziemlich hanebüchene Weise – da erschraken die Eltern so sehr, daß sie die Kur abbrachen. Es nützte nichts, ihnen zu versichern, die analen Symptome würden bald wieder verschwinden, ihr Durchbrechen sei nötig und gehöre zum psychischen Ablauf, sie seien ein Stück der Besserung, und man müsse unbedingt Geduld walten lassen. Kühl wurde mir bedeutet, man wünsche keine Fortsetzung, um so mehr als man noch nichts von einer freieren Intelligenzentfaltung hatte feststellen können. »Der Zustand unseres Sohnes hat sich durch die Behandlung verschlimmert!«

Bei einem meiner Bekannten beklagten sich die Eltern: »Denken Sie sich, die Kur hat unseren Erwin arg verliederlicht. Der Bub ist unordentlich geworden, läßt alles liegen, räumt nichts mehr an seinen Platz, und er wäscht sich nicht mehr. Wir haben unsere liebe Mühe, an ihm all das nachzuerziehen, was die Behandlung verdorben hat. Das Scheußlichste darf man fast nicht sagen. Erwin sitzt stundenlang auf dem Abort, holt, wenn er es insgeheim tun kann, nachher sein Schwesterchen, damit es bewundere, was er produziert hat, und er braucht unappetitliche Wörter. Wenn er vom Abort fortgeht, benutzt er kein Papier, und seine Unterwäsche sieht dementsprechend aus! Wir haben mit harten Strafen einschreiten müssen wie einst, als Erwin als Kleinkind zur Reinlichkeit angehalten werden mußte!«

Die Eltern waren zornig über mich, und der Sohn grüßte mich nicht mehr, wenn er mich zufällig auf der Straße traf. Er hatte Grund genug dazu, war ich doch die Ursache der Pein, die über ihn gekommen. Zwar – eigentlich hätte er auf seine Eltern böse sein sollen.

Ich habe Erwin nicht deshalb erwähnt, um seine Eltern anzuklagen, und nicht nur um zu zeigen, was für Formen manchmal ein Triebdurchbruch annehmen kann, sondern auch darum, um darauf hinzuweisen, daß Pseudodebilitäten oft schon auf einer prägenitalen Triebstufe, also während der allerfrühesten Kindheit, entstehen können.

Umgekehrt: auch in älteren Jahren ist der Mensch davor nicht gefeit. Ich sah halbwüchsige Mädchen ›verblöden‹, weil sie einem Menstruationstrauma erlegen waren. Und ich sah intellektuell gutbegabte junge Mädchen dumm werden, wenn sie sich in einen dummen Mann verliebten; dessen Dummheit steckte sie gleichsam an; ihr Gewissen erlaubte ihnen nicht, gescheiter zu sein als ihr Liebhaber oder Gatte. Wir sind auf die merkwürdige Tatsache gestoßen, daß ein Mensch aus Gewissensgründen dumm werden kann. Es ist die Gewissens*angst*, die wirkt und ihn daran verhindert, seine intellektuelle Anlage voll zu entfalten. Kommt nichts hinzu, was sein Gewissen verändert, kann der Scheindumme sein Lebtag lang wie ein richtiger Unbegabter erscheinen.

Oft aber, gerade bei Kindern, bleiben einzelne Züge der guten intellektuellen Anlage sichtbar, so wie wir es bei Nora sehen konnten, die beim Brandausbruch sehr klug, überlegt, rasch denkend und richtig handelt, und die in der Schule gute Aufsätze schreibt und sie in einer Art und Weise bebildert, daß man merkt, sie sei nicht so dumm, wie es den Anschein macht.

Die psychotherapeutische Behandlung Pseudodebiler von der Art Noras geht darauf aus, das überstrenge Gewissen abzubauen; die Folge davon ist dann das Freiwerden der ursprünglichen Intelligenzanlage, indem alle Kräfte der Seele in ein neues, in ein »normales« Gleichgewicht kommen.

Man darf sich nämlich nicht vorstellen, das Seelische des Menschen gleiche einer zusammengesetzten *chemischen* Substanz, deren Bestandteile auf dem Wege der Psycho*analyse* voneinander getrennt würden. Das menschliche Seelische ist und bleibt *immer* ein Ganzes, eine *Synthese*, und was mit der Psychoanalyse erreicht wird, ist nicht mehr als eine Umordnung, eine andere Einreihung der Kräfte und das Herstellen eines anderen, neuen Gleichgewichtes.

Die Psycho*synthese* ist immer vorhanden, es handle sich um eine angepaßte, »gesunde« – oder um eine neurotische und darum unangepaßte.

Damit ist gesagt, daß der Ausdruck »Psychoanalyse« vielleicht nicht ganz glücklich geprägt ist, weil er dem chemischen »Analyse«-begriff allzu nahe ist und in uns ein falsches Bild erweckt.

Wenn also Nora mit den Mitteln einer Psychoanalyse von ihrer Pseudodebilität befreit worden ist, dürfen wir uns nicht vorstellen, sie sei nun ein Mensch geworden, dessen Kräfte einzeln in Behälter abgezogen und durch gläserne Wände voneinander geschieden sind. Sie ist ein »ganzer« Mensch.

8. Kapitel: Charakterveränderungen als Folge fehlgeleiteter Gewissensreaktion

Daß das wohlausgebildete Gewissen ein sehr wichtiger Bestandteil eines guten Charakters ist, braucht wohl kaum begründet und näher ausgeführt zu werden.

Daß jedoch ein ursprünglich guter Charakter durch eine Beeinflussung, welche vom Gewissen her kommt, in einen schlechten oder schlimmen umgewandelt werden kann, ist keine Erscheinung, die allgemein bekannt ist. Und doch handelt es sich dabei nicht um ein Kuriosum, wie man vermuten könnte. Charakterveränderungen im Sinne moralischer Fragwürdigkeit kommen recht häufig als Folgen von bestimmten Gewissensregungen vor. Ihre hintergründige Motivierung ist nur nicht ganz leicht feststell- und durchschaubar.

Ich habe leider keine Statistik zur Hand, mit der ich die wissenschaftliche Genauigkeit der genannten Behauptung darlegen könnte, und bin mir vollauf bewußt, daß dieser Mangel von manch einem als Kardinalfehler betrachtet werden kann. Trotzdem möchte ich hier einen Fall vorlegen, aus dem die schlimme Charakterveränderung aus Gewissensgründen ersichtlich wird. Vielleicht könnte man sich, selbst wenn Statistiken, Kurven und Durchschnittsrechnungen einer mathematisierten Exaktheit fehlen, überlegen, daß das, was *einmal* vorkam, auch *mehrmals* vorkommen könnte.

In einem unserer Dörfer lebte eine Hufschmiedswitwe, die Frau Burri, mit ihrer Adoptivtochter Eva, die zu der Zeit, über welche ich berichten möchte, ungefähr fünfzehneinhalbjährig geworden war.

Die Eheleute Burri – damals lebte der Gatte noch – hatten Eva zu sich genommen, als das Mädchen, ein uneheliches Kind, zwei Monate alt war. Nachdem es das dritte und die Pflegeeltern, die kein eigenes Kind besaßen, ihr vierzigstes Altersjahr erreicht hatten, wurde die Adoption durchgeführt. Man hatte sie gründlich überlegt und lange erwogen, weil bekannt war, daß es die Kindsmutter mit der Moral nicht allzu streng nahm und noch andere uneheliche Kinder zur Welt gebracht hatte und daß Evas Vater, ein ehemaliger Hochschulstudent, als Dieb und Rückfallverbrecher seine Delikte in einer Strafanstalt verbüßte.

Das kleine, gesunde Mädchen war aber nicht nur ein Ausbund an Schönheit, sondern zeichnete sich auch durch Leichterziehbarkeit aus. Man entdeckte an Eva bald eine Reihe guter Eigenschaften. Sie war lieb, süß, herzig; sie ließ sich früh und ohne Schwierigkeiten zur Reinlichkeit erziehen, erwies sich als anhänglich, gehorsam, aufgeschlossen, zutraulich, und man merkte ihr schon als Kleinkind an, es fehle ihr nicht an einer guten Intelligenzanlage.

Deshalb wagten es Burris, die Kleine trotz der minderwertigen Eltern zu adoptieren.

Die gute Tat wurde durch das Verhalten des Töchterchens belohnt. Eva hielt, was ihre früheste Jugend versprochen hatte. Als sie in die Schule kam, zeigte sie sich dem Klassendurchschnitt gegenüber in bezug auf Artigkeit, Fügsamkeit, Arbeitseifer und Intelligenz überlegen, obwohl sie sich natürlich gab und keineswegs das war, was man als ›Musterkind‹ bezeichnet.

Eva war der Stolz ihrer Adoptiveltern, und sie verschönte die letzten Lebenstage Herrn Burris, der, nachdem die Tochter zwölf Jahre alt geworden, an Magenkrebs erkrankte und starb. Auf dem Todbette legte er seiner Frau ans Herz, sie möge sich gänzlich dem Kinde widmen, diese Aufgabe müsse ihr künftiger Lebenszweck sein; Frau Burri liege ob, Eva nun auch den Vater zu ersetzen und alle Sorgfalt anzuwenden, um des Mädchens weiteres Gedeihen und Fortkommen sicherzustellen. Unter Tränen der Rührung versprach es die Frau.

Der Hinschied des Vaters traf nicht nur die Gattin, sondern auch das Töchterchen hart. Am Sarge fragte es, heftig weinend, ob man den Toten zu seinen Lebzeiten nicht wohl allzuwenig geliebt habe. Die Witwe faßte den Ausspruch als Vorwurf an ihre Adresse auf, denn sie verwies Eva solche Gedanken.

Frau Burri vermietete die Werkstatt einem tüchtigen Handwerksmeister und zog sich mit der Tochter in ein nahe gelegenes Einfamilienhäuschen zurück, das ihr Mann kurz vor seiner Erkrankung hatte bauen lassen und worin zu wohnen ihm nicht mehr vergönnt gewesen. Das Ableben des Vaters schien am Verhalten und am Charakter Evas nichts verändert zu haben. Das Mädchen schloß sich um so inniger der Mutter an, blieb folgsam und bescheiden wie je, half Frau Burri bei der täglichen Arbeit, und die Leistungen in der Schule verringerten sich nicht. Es stand alles in bester Ordnung, und Mutter und Kind waren, wie man sagt, ›ein Herz und eine Seele‹. Als die Heranwachsende begann, ihre knabenhaften Formen zu verlieren – Eva war damals etwas über dreizehn Jahre alt –, klärte sie Frau Burri ohne Verlegenheit darüber auf, es rücke nun die Zeit der ersten Monatsblutung an. Die Aufklärung geschah auf feine und richtige Art, und als dann bei Eva die Menstruation eintrat, erlitt das Mädchen nicht wie so viele andere ein ›Trauma‹. Es blieb ruhig und freute sich eher darüber, nun jenen Schritt getan zu haben, der von der Kindheit ins Land der Erwachsenen führt.

Einige Zeit darauf erlitt das innige Verhältnis zwischen Mutter und Tochter dann doch eine, wenn auch anscheinend nur geringfügige und vorübergehende Störung. Eva war damals annähernd fünfzehn Jahre alt. Ein Lehrbub aus der Werkstatt, Franz, fing an, der Tochter schöne Augen zu machen. Es war dies nicht verwunderlich angesichts des Liebreizes des aufblühenden jungen Mädchens; auch andere Burschen drehten die Köpfe, wenn Eva über die Straße ging. Aber sie achtete nicht darauf. Dem Lehrbuben gegenüber verhielt sie sich jedoch weniger abweisend. Sie blieb bei ihm stehen, plauderte und lachte mit ihm, reichte ihm eine Frucht aus dem mütterlichen Baumgarten und wußte es einzurichten, daß sie den Burschen antreffen konnte, wenn er sich vor der Werkstatt zeigte.

Es blieb Frau Burri nicht verborgen, was sich da anzubahnen schien. Obwohl alles, was geschah, ganz harmlos war, machte sie sich Sorgen. »Bricht in Eva jetzt die schlimme Anlage ihrer leiblichen Mutter durch?« fragte sie sich. Sie ängstigte sich und beschloß, der Tochter den Umgang mit Franz zu verbieten. Sie ›sprach‹ mit Eva.

Diese wehrte sich nicht ohne Heftigkeit. Sie sei sich nicht bewußt, etwas getan zu haben, was nicht ins Maß gehe. In Franz sei sie keineswegs verliebt; er habe ihr nur gefallen, weil er ein hübschgewachsener Bursche sei, immer ein lustiges, munteres Wort auf der Zunge habe und nie frech und anzüglich werde wie andere. Würde sie ihm gegenüber, der auch im Dorf seiner Art wegen überall beliebt sei, die Schnippische und Hochmütige spielen, würde man dies mißdeuten und glauben, Eva komme sich als Tochter der Werkstattbesitzerin zu vornehm vor, um mit einem Lehrling zu reden. Sie wisse wohl, was sie ihrer Mutter und dem guten Rufe schuldig sei. Es sei nichts passiert, was das Tageslicht zu scheuen hätte, und es sei auch nichts hinter dem Rücken Frau Burris angezettelt worden.

Der kleine Zwischenfall endete damit, daß sich Mutter und Tochter in die Arme fielen und unter Tränen und Küssen wieder versöhnten. Eva versprach, vorsichtiger zu sein und den Umgang mit Franz tunlichst zu meiden, ohne sich hochnäsig zu verhalten und den gesellschaftlichen Klassenunterschied zu demonstrieren – und die Mutter war über ihre sehr vernünftige, verständige Tochter beglückt und beruhigt.

So blieb anscheinend alles beim alten.

Allmählich merkte man Eva aber doch eine kleine Veränderung an.

Die Tochter wurde nachdenklicher, um einen Grad scheuer, und sie begann, stärker in sich gekehrt als in früheren Zeiten, sich von den Schulkameradinnen mehr und mehr abzusondern.

Einer der Lehrer sprach darüber mit der Witwe. Das Mädchen sei allgemein weniger zugänglich und weltoffen als ehedem; mitunter ›träumte‹ Eva, und es sei so, als brüte sie an etwas herum.

Frau Burri hielt die Veränderung als eine Folge des Reiferwerdens und begrüßte sie. Es sei durchaus der Entwicklungszeit eines Mädchens angemessen, meinte sie, daß es bedachtsamer werde, die kindhafte Unbeschwertheit teilweise ablege, den ›Ernst des Lebens‹ erkenne und darüber nachdenke.

Der Lehrer, also abgewiesen, wollte aber noch weitere charakterliche Veränderungen beobachtet haben. Eva sei auffällig ehrgeizig geworden. Obschon sie an der Spitze der Klasse stehe, scheine sie zu fürchten, von anderen überflügelt zu werden und wehre sich dagegen – manchmal leicht gereizt, und vielleicht sei dies der Grund, weshalb sie sich abschließe und isoliere. Sie sei außerdem geizig geworden. Sie leihe ihre Farbstifte usw. nicht mehr so freigebig aus wie früher, sei offenbar darauf bedacht, ihren Besitz zu hüten und zu mehren, es zeige sich dies auf der ganzen Linie. So habe man in Evas Schulschachtel einen großen Vorrat neuer Federn vorgefunden. In der Schule gelte die Vorschrift, daß nur diejenigen Kinder eine neue Feder nehmen, welche eine nötig haben. Eva habe die alten gespart, trotzdem neue genommen und damit eine Sammlung angelegt. Man habe sie dabei ertappt, wie sie mit Besitzerstolz ihren Reichtum betrachtete und zählte.

Sie finde es nicht als eine Untugend, erwiderte Frau Burri, daß das Mädchen nun neben seiner Begabung auch noch Ehrgeiz entwickle, denn damit vermöge es doch gewiß seine Leistungen zu steigern; wenn Eva jetzt sorgfältiger auf ihre Sachen achte und nicht alles leichtfertig weggebe, zeuge dies vom wachsenden Verstande und der Erkenntnis, was die Farbstifte usw. kosten – man brauche dabei weniger an Geiz als an Gewissenhaftigkeit zu denken. Wenn Eva spare, sei dies nur recht. Falls jedoch sie dies am ungeeigneten Platze tue – so mit den Federn –, müsse man die Tochter zur Rede stellen und auf die Schulordnung aufmerksam machen. Wenn sich Eva in ihrer naiven Besitzerfreude schuldig machte, sei dies wohl nicht so sehr tragisch zu nehmen.

Was nun die Isolierungstendenz betreffe: Frau Burri besinne sich daran, seinerzeit während ihrer Seminarjahre – sie hatte sich einst als Lehrerin ausbilden lassen – eine ganz ähnliche Entwicklung durchlaufen und sich auf ganz wenige Freundinnen beschränkt zu haben, während sie sich vorher jedem Mädchen kritiklos angeschlossen. Auch die Isolierungstendenz sei entwicklungsbedingt und gewiß bei anderen Mädchen im Pubertätsalter ebenfalls bemerkbar.

Der Lehrer, von der Reaktion der Witwe leicht betroffen, erklärte, er habe nicht etwa beabsichtigt, über Eva Klage zu führen. Er habe nur die Gelegenheit beim Schopf genommen, um anläßlich eines zufälligen Zusammentreffens die ehemalige Kollegin von seinen Eindrücken in Kenntnis zu setzen.

Die kleine Diskussion fand in jenem Februar statt, als Eva ihren fünfzehnten Geburtstag feierte. Im darauffolgenden April teilte Frau Burri dem Lehrer brieflich mit, sie gebe ihre Tochter zu Schwagersleuten im Thurgau. Eine Begründung des Entschlusses fügte sie nicht bei.

Der Lehrer machte sich Gewissensbisse darüber, die Frau von seinen Beobachtungen informiert zu haben; denn er glaubte, Frau Burri habe seine Mitteilungen böse aufgefaßt und darum die Milieuversetzung Evas vorgenommen. Er konnte nicht wissen, wo die wahren Motive lagen.

Eva freute sich angeblich darauf, in die ›Fremde‹ zu gehen. Zwar – auf dem Bahnsteig schluchzte das Mädchen und bat, die Mutter möchte es nicht wegfahren und zu Hause bleiben lassen; darauf ging Frau Burri nicht ein.

Die ersten Briefe aus dem Thurgau lauteten günstig. Es schien, Eva habe sich mit ihrem Schicksal abgefunden und in die neuen Verhältnisse eingepaßt.

Dann, nach zwei Monaten, kam wie ein Blitz aus heiterem Himmel die Aufforderung, Frau Burri solle ihre Tochter heimholen. Eva hatte zu verschiedenen Malen das Haushaltkässchen ihrer Pflegemutter ausgeplündert, um sich Zuckerzeug zu kaufen. Man hatte das Mädchen erwischt, nachdem man lange nicht wußte, wer der Dieb war. Eva hatte dick zu leugnen versucht, und als sie dies nicht mehr konnte, wurde sie frech: Es kümmere sich niemand um sie, und sie müsse allzuviel und ganz allein arbeiten. Sie finde nicht einmal Zeit, ihre Strümpfe zu flicken, und das Essen sei einförmig und schlecht gekocht. Diese trotzigen Vorhalte empörten die Pflegeeltern so, daß sie Eva nicht länger bei sich behalten wollten.

Frau Burri war konsterniert. Eva eine Diebin? War in ihr das väterliche Erbe durchgebrochen?

Die Witwe holte ihre Tochter ab und verbrachte sie in ein Neuenburger Mädcheninstitut. Dort, unter ziemlich strenger Aufsicht, sollte Eva sich in der französischen Sprache vervollkommnen und sich im Haushaltfache ausbilden.

Im Dorf wußte man von der neuerlichen Versetzung lange Zeit nichts. Etwas anderes sickerte durch: Frau Burri machte Anstrengungen, den Mieter ihrer Schmiede zu heiraten, obwohl er bedeutend jünger war als die Witwe. Man machte hämische Bemerkungen darüber. Ihre Versuche reichten schon längere Zeit zurück und hätten begonnen, als Eva noch im Elternhause wohnte. Für den Handwerksmeister sei die Angelegenheit mehr eine geschäftliche Frage als eine der Liebe. Jetzt wußte man auf einmal den Grund, weshalb die Tochter weggebracht worden war. Sie sollte die Mutter in ihren Heiratsplänen nicht stören.

Aus dem Mädcheninstitut kamen von der Direktrice zuerst lobende Nachrichten. Eva habe sich gut eingewöhnt, sie lerne gut, sie arbeite mit Fleiß, Eifer und Ehrgeiz und sei für die Haushaltlehre zweifellos begabt. Es falle ihre Ordnungsliebe auf, ebenso ihr Sinn für Sauberkeit und das Schöne. (Ich habe noch nie einen *ersten* Institutsbericht über ein neueingewiesenes Kind gelesen, der nicht günstig gelautet hätte...) Im nächstfolgenden Monatszeugnis wurden schon gedämpftere Töne angeschlagen. In verbindlicher Form war angedeutet, daß die andern Internatsmädchen die Ordnungsliebe Evas als Pedanterie und Eigensinn auffaßten, was mitunter zu Streitigkeiten Anlaß gebe. Eva zeige sich tatsächlich gelegentlich egoistisch und herrschsüchtig, was man ihr werde abgewöhnen müssen. Der Abrechnung lag ein Apothekernötchen für ein Abführmittel bei.

Der dritte Bericht wurde noch deutlicher. Eva habe alle Aussicht, ein ›Putzteufel‹ zu werden, dazu sei sie geizig, trotzig und ehrsüchtig. Auf freundschaftliche Vorhaltungen gehe sie nicht ein, sie beharre auf ihren Vorurteilen und Fehlern, sie antworte mit Mürrischsein und schließe sich beleidigt und gekränkt ab. Dem Lehrpersonal mache sie beträchtliche Mühe, und beim geringsten Tadel antworte sie mit langdauerndem Verstimmtsein.

Drei Wochen später wurde Frau Burri telefonisch aufgefordert, Eva heim zu holen. Das Mädchen hatte seine Mitschülerinnen bestohlen. Aus Täschchen und Schränken seien Geldbeträge, Schmuckgegenstände usw. verschwunden – Eva wurde als Urheberin der Diebstähle überführt, nachdem sie wegen beständigen Schleckens aufgefallen. Mit Zynismus habe sie alles gestanden. Um kein Aufsehen zu erregen, verzichte man auf eine Anzeige an die Polizei, falls Frau Burri die Bestohlenen entschädige. Dies geschah.

Jetzt war die Witwe völlig davon überzeugt, die fragwürdige *Erb-*

anlage Evas sei zum Durchbruch gelangt. »Es würde mich nicht überraschen«, sagte sie zum früheren Klassenlehrer ihrer Tochter, mit dem sie sich beriet, »wenn auch all das Schlechte, das die Kindsmutter auszeichnete, in Evi ebenfalls zum Vorschein käme – da sieht man die Gewalt der Vererbung! Ihr gegenüber vermag selbst die beste Erziehung nichts auszurichten!«

Der Lehrer zweifelte daran, daß an der Charakteränderung Evas *nur* die Vererbung schuld trage und empfahl Frau Burri eine psychologische Untersuchung. Mit der Witwe zusammen holte er die Tochter ab und erschrak über deren schlechtes Aussehen. Ihr sonst so frisches Antlitz hatte eine käsige Farbe angenommen und war von vielen Pusteln verunstaltet.

Eva wurde in eine geschlossene Mädchenerziehungsanstalt gebracht. Der Vorsteher drängte ebenso wie vorher der Lehrer auf eine seelenkundliche Abklärung. Frau Burri veranlaßte sie, und gestützt darauf kam Eva in psychotherapeutische Behandlung.

Unterdessen hatten sich die Beziehungen der Witwe zum Handwerksmeister zerschlagen. Der Hufschmied kündigte den Mietvertrag auf, heiratete plötzlich eine viel jüngere Frau und eröffnete in einem weit abgelegenen Dorf eine eigene Werkstatt. So wurde die ›Johannis-Liebe‹ der alternden Frau Burri enttäuscht. Sie suchte einen anderen Mieter, und sie erinnerte sich wieder des Versprechens, das sie ihrem Manne auf dem Todbett gegeben. Deshalb wollte sie sich nichts reuen lassen, um Eva wieder auf den rechten Weg zu bringen.

Diese hatte von der Mutter bei zahlreichen Gelegenheiten davon gehört, was Frau Burri dem Sterbenden versprochen. Als die Witwe dann mit einem anderen Manne Beziehungen anknüpfte, empfand Eva diese als doppelten Treubruch: als einen am verstorbenen Vater und als einen an ihr, der Tochter. Sie war von der Mutter zutiefst enttäuscht, fühlte sich verraten und verlassen.

Es regte sich ihr Gewissen. Sie fühlte sich verpflichtet, sich für den verstorbenen Vater einzusetzen. Aber sie wagte nicht, die Mutter zu mahnen, wußte nicht, auf welche Art sie sich zur Wehr setzen könnte, ihre Gefühle verwirrten sich.

Trotzige Eifersucht und Neugier wurden in ihr wach: wenn der Handwerksmeister auf Besuch kam, bewirtet wurde, bis tief in die Nacht hinein bei der Mutter weilte, mußte Eva zu Bett gehen, durfte nicht, wie sie gern gewollt hätte, an der Zusammenkunft teilnehmen und zusehen, was da vor sich ging – »zum rechten sehen«, dies hätte sie begehrt, sagte die Tochter aus.

Gefühlsmäßig erfaßte Eva ganz genau, weshalb die Mutter sie nicht im Hause haben wollte. Die Tochter fühlte sich als Ausgestoßene und Entwurzelte.

Es sei nun noch rasch, ehe wir die psychologischen Tatbestände weiter aufgliedern, der weitere Schicksalsverlauf Evas skizziert. Nach der psychotherapeutischen Kur zeigte sich das junge Mädchen wieder ›normal‹, d. h. ungefähr so, wie es vorher gewesen. Es fand die Aufgeschlossenheit, den Frohmut, die Gesellschaftlichkeit, die Zuverlässigkeit seiner früheren Lebenszeit wieder und bestand eine Verkäuferinnenlehre. Eva ist heute dreiundzwanzig Jahre alt und mit dem Burschen verlobt, den sie einst in der Werkstatt ihrer Mutter kennengelernt hatte. Nach der Heirat wird das junge Paar die Hufschmiede übernehmen und die darin eingerichtete Wohnung beziehen, während die Witwe in ihrem Häuschen verbleibt. Eva und sie haben sich längst miteinander ausgesöhnt.

Wir sehen also einen Glücksfall, bei dem sich schließlich alles wohl gelöst und gefügt hat, von dem zuerst geschienen, es münde in Irrnis und Verderben.

Und nun wollen wir die Geschichte nochmals überschauen.

Eva ist ein Mädchen, das sich anfänglich durchaus normal entwikkelt. Es erscheint charakterlich ausgeglichen und im Gleichgewicht zu sein. Als Kleinkind haben sich bei der Erziehung keinerlei Schwierigkeiten gezeigt. Nichts deutete darauf hin, daß es während der Entwöhnungs- oder der Zeit der Reinlichkeitserziehung seelischen Schaden genommen, wie dies besonders bei Kindern unserer Heimat so oft der Fall ist. Eva wird uns als gesund, anhänglich, gehorsam, aufgeschlossen und zutraulich geschildert. Auch als sie das Schulalter erreicht, fallen an der Intelligenten diese Charaktereigenschaften auf, und wir hören von Artigkeit, Fügsamkeit, Arbeitseifer; die Einordnung in die Gemeinschaft der Schulklasse bereitet Eva keine Mühe. Der Eintritt der Menstruation ändert am charakterlichen Bestande nichts, ebensowenig – vorläufig – der Tod des Vaters.

Dann, unerwarteter- und fast unglaublicherweise, verkehrt sich der einst so gute Charakter in sein Gegenteil.

Es beginnt eine Änderung, die zuerst dem Lehrer auffällt. Eva wird nachdenklicher, scheuer, in sich gekehrter und isoliert sich von den Kameradinnen. Sie träumt, brütet an etwas herum, wird ehrgeizig, fängt an zu sammeln und zu sparen und zeigt sich anderen gegenüber geizig. Die Witwe bagatellisiert, was der Lehrer aussagt, oder sucht das, was ihm bedenklich erscheint, als Vorzüge umzudeuten.

Der erstaunliche Umschwung zeigt sich dann sehr deutlich im Thurgau und im Mädcheninstitut. Eva stiehlt, lügt, trotzt, wird frech, erliegt einem Ordnungs- und Reinlichkeitsfimmel, wird den Kolleginnen gegenüber aggressiv, will sie beherrschen, ist mißgünstig, ehrsüchtig, geizig, egoistisch, ein Putzteufel und erwidert wohlgemeinte Vorhalte mit Trotz, mürrischem Wesen und Depressionen.

Wenn wir nun untersuchen, zu welchem Zeitpunkt der seltsame Umschwung vom Guten ins Schlimme stattgefunden hat, treffen wir auf jenen Lebensabschnitt Evas, da sie merkt, es spinne sich zwischen der Mutter Burri und dem Handwerksmeister etwas an.

Der Lehrer, der davon nichts weiß, stellt das Anbahnen einer Charakterveränderung zuerst fest. Die Witwe, davon in Kenntnis gesetzt, will nicht wahr haben, was er entdeckt hat, und schreibt die damals noch leichte Änderung in Evas Charakter der Pubertät zu. Man gewinnt fast den Eindruck, Frau Burri begehre ihre Augen vor etwas zu verschließen. Dazu muß sie tieferliegende Gründe haben – und diese sind leicht zu erraten; sie hat andere, wichtigere Sorgen: ihr ganzes Sinnen und Trachten ist auf die Eroberung eines neuen Gatten gerichtet, und sie will sich in ihrem Unterfangen nicht ablenken oder stören lassen. Darum gibt sie ja kurz nachher Eva weg.

Um verstehen zu können, was geschehen ist, müssen wir Eva in ihrer gesamten psychischen Situation der damaligen Zeit betrachten.

Sie steht an jenem Entwicklungspunkte, da sich das Kind allmählich von seinen ursprünglichen Liebesobjekten, den Eltern, zu lösen beginnt, um die Libido (= Liebeskraft) frei zu bekommen für die Zuwendung an anderweitige Bindungen. Einen entsprechenden Versuch macht Eva: wir sehen die ersten Anzeichen einer sehr scheuen, feinen, kindhaften, unreifen und kaum bewußten, jedenfalls noch keineswegs ›sexuellen‹ Liebe zu dem Lehrbuben, der dann, viel später, ihr Gatte werden sollte.

Warum ist Frau Burri darüber erschrocken und entschlossen, die Liebesbeziehung der Tochter zu verbieten? Sie fürchte, in Eva könnte das schlimme Erbteil der Kindesmutter durchbrechen, behauptet die Adoptivmutter. Wir fragen: ist dies ihr einziges Motiv? Wäre nicht möglich, daß die alternde Witwe auf das Mädchen eifersüchtig ist? Alle Eltern sind mehr oder weniger eifersüchtig, wenn sie vor der Tatsache stehen, daß ihnen jemand ein Kind aus der Familie löst, d. h. wenn sich dieses Kind an ein außenstehendes Liebesobjekt bindet. Frau Burri merkt – außerdem – sehr wohl, wie leicht es Eva wird, sich einen Liebespartner zu verschaffen – während sie, die alternde Witwe, große Mühe hat, den Handwerksmeister zu gewinnen. Frau Burri hat zweifellos mehr als nur einen einzigen Grund, Evas Liebesbeziehungen zum Lehrling zu verbieten.

Eva ist sich, wie wir sahen, noch gar nicht recht dessen bewußt, was in ihr vorgeht. Darum behauptet sie, ganz und gar nicht in Franz ›verliebt‹ zu sein. Es wundert uns trotzdem, wie leicht sie zu diesem Zeitpunkt den Franz wieder aufgibt – denn die spätere Lebensgeschichte läßt klar ersehen, daß Evas Beziehungen zu dem Lehrling als echte Liebe anzusprechen war.

Offenbar trifft der Mutter Liebesverbot auf eine seelische Bereitschaft in der Tochter. Wie steht es mit dieser Bereitschaft?

Ich berichte nun, was während der psychotherapeutischen Kur deutlich ans Tageslicht kam.

Erinnern wir uns daran, was Eva weinend aussagte, als der Vater gestorben war: sie machte sich selber und der Mutter Vorwürfe, *›man‹ habe den Vater zu Lebzeiten allzuwenig lieb gehabt.* Damit werden Evas *Schuldgefühle* dem Vater gegenüber deutlich. Weshalb hat sie Schuldgefühle? Weil ihre affektive Einstellung zum Vater ambivalent war.

Eva hatte den Adoptiveltern gegenüber einen ›vollständigen‹ Ödipuskomplex entwickelt. Das bedeutet u. a., daß das Mädchen, wenn es die Mutter gänzlich für sich beanspruchen wollte, dem Vater gegenüber ablehnende Regungen empfand und ihn wegwünschte. Als der Vater nun wirklich wegging, wegstarb, fühlte sich Eva unbewußt mitschuldig, schuldig an seinem Tode. Es waren ihre unbewußten Wegwünsche in Erfüllung gegangen – für die unbewußte Auffassung Evas: kraft der ›Allmacht‹ ihrer Gedanken[1].

Eva registriert die Untreue der Mutter am Vater, als sich Frau Burri dem Handwerksmeister zu nähern versucht – über diesen Gefühlskonflikt haben wir bereits berichtet. Aber die Tochter macht sich insgeheim den Vorwurf, genau dasselbe zu tun, wie die Mutter, denn auch Eva steht im Begriff, sich ein neues Liebesobjekt zu verschaffen, den Franz.

Nun können wir der Tochter Bereitschaft verstehen, der Mutter zu gehorchen, als diese das Aufgeben der Beziehungen zu Franz fordert. Eva, die im Begriffe steht, Vater und Mutter als Liebesobjekte aufzugeben und sich anderweitig zu binden, läßt sich aus Gründen ihrer Schuldgefühle in ihrer durchaus normalen Entwicklung rückbinden auf eine frühere, kindhaftere Entwicklungsstufe, und es setzt ein *›Regressionsprozeß‹* (= rückläufige Entwicklung, Wiederbeziehen einer früheren Entwicklungsphase) ein.

Zugleich aber empfindet Eva sehr wohl, die Mutter verbiete ihr

[1] Siehe darüber: Zulliger, *Heilende Kräfte im kindlichen Spiel.* 1. Kapitel, Klett, Stuttgart 1952.

etwas, das sich Frau Burri selber erlaubt. Eva hat den gefühlsmäßigen Eindruck, *sie* wäre nun am Zuge, nicht die alte Frau, sich ein neues Liebesobjekt zu suchen.

Anders gesagt, der Ödipuskomplex der Tochter wird durch das Verhalten der Mutter reaktiviert: Die Mutter stört die Tochter in ihren Liebesbeziehungen einem Manne gegenüber, und Eva muß deshalb die Mutter, die Störerin, wegwünschen.

Und nun setzt sogleich ein Verdrängungsprozeß ein. Denn Evas *Gewissen revoltiert* gegen ihre oppositionellen Regungen der Mutter gegenüber, – gegen den Wegwunsch der Mutter. Eva hat ja die Konsequenzen eines solchen Wegwunsches am Vater erfahren: der Vater *starb. Auch die Mutter müßte sterben, wenn Eva ödipale Wegwünsche gegen sie in sich aufkommen ließe.* Um sie inexistent zu machen, damit Evas Schuldgefühle nicht aktiv werden, verdrängt Eva ihren Ödipuskomplex. *Sie verdrängt ihn aus Gewissensgründen.*

Damit wird jedoch die normale Weiterentwicklung ihrer Liebesfähigkeit verhindert. Eva ist gezwungen, frühere und bereits überwundene Entwicklungsstufen neu zu besetzen, um gleichsam auf künstliche Weise sich im Kleinkindzustand zu erhalten – in jenem Zustand, der noch nicht von ihr fordert, sich ein ›exogames‹ Liebesobjekt zu verschaffen.

Sie ist im Begriff gestanden, den Schritt vom Latenzalter zur genitalen Libidoorganisation anzubahnen, als sie sich in den Lehrling verliebte. Diese Entwicklung wird mit Unterstützung des mütterlichen Liebesverbotes und kraft der Gewissensregungen und Schuldgefühle abgebrochen, und es tritt die Regression auf prägenitale Entwicklungsstufen ein, auf jene, die an die Mundzone und an die Zone der Ausscheidungsorgane gebunden sind. Über die prägenitalen Entwicklungsstufen ist zu sagen, daß sie alle ineinander verfilzt sind. Wohl tritt beim Kind sukzessive die eine nach der anderen in den Vordergrund, so daß man sie augenfällig beobachten kann. Aber eine jede verbindet, legiert sich mit der andern; wenn wir sie voneinander abgrenzen, dient dies nur theoretischen Zwecken.

Wir sehen nun bei Eva Charakterzüge auftreten, die alle den prägenitalen Stufen entsprechen und ins Extreme verzerrt werden.

Bevor wir diesen Verzerrungen nachgehen, wollen wir darauf hinweisen, daß es ein Irrtum wäre, alle die aus der prägenitalen Organisation stammenden Charakterzüge als moralisch minderwertige zu betrachten. Sie werden dies nur unter der Bedingung, daß ihnen Kräfte zufließen, die etwa aus der Sparsamkeit den Geiz, aus der Gründlichkeit den Formalismus, aus der Ordnungsliebe die Pedanterie und den

Bürokratismus, aus der Durchsetzungskraft die Neigung zum Tyrannisieren usw. machen. Aus den ›normalen‹ prägenitalen Charakterzügen entstehen also unter bestimmten Umständen *Zerrbilder* und *Übertreibungen*, die, wenn wir sie moralisch werten, als Charakter*fehler* einleuchten.

Damit sich normale Charaktereigenschaften zu Charakter*fehlern* fehlentwickeln, ist ihre Besetzung mit starken Kräften nötig; diese verzerren eine gute Eigenschaft gleichsam zur Karikatur - etwa die Sparsamkeit zum Geiz, die Ordnungsliebe zur Pedanterie, die Selbstbewußtheit zur Herrschsucht, wie oben angedeutet.

Bei Eva sehen wir als Kraftquelle den verdrängten Ödipuskomplex. Dessen Energien werden den früheren Entwicklungsstufen der Triebe zugeleitet und bewirken Evas Charakterveränderung, denn der Charakter, die Charaktereigenschaften, die Charakterbildung, ist außerordentlich stark von den Trieben abhängig, wenngleich nicht *nur* von diesen (Konstitution, vererbte Neigungen, Ideale, Erziehung usw.). Nachdem wir nun festgestellt haben, es seien Gewissensgründe gewesen, welche die Verdrängung des Ödipuskomplexes und damit die Regression zur Folge hatten, wollen wir, von unserem Thema bewußt abschweifend, den charakterlichen Veränderungen Evas ein wenig nachgehen.

Wie verhält sich das lutschende Kind – also das *auf der oralen Entwicklungsstufe?* Es zieht seine Interessen von der Außenwelt ab, es introvertiert, gibt sich, autistische Saug- oder Beißlust genießend, seinen Praktiken voll hin und ist sich selbst genug.

Eva kauft sich aus dem entwendeten Gelde Süßigkeiten, die sie insgeheim verzehrt oder lutscht. Es ist dies ein *äußerliches* Zeichen für verstärkte *orale* Wunscherfüllung.

Die autistische Introversion der oralen Stufe zeigt sich als *Isolierungstendenz*. Autistisches, ›träumerisches‹ Wesen, das Lutschen an Phantasien, die Introversionstendenz und Isolierung sind typische Charaktereigenschaften, die dem oralen Kreise zugehören, ebenso die Nachdenklichkeit, Besinnlichkeit, aber auch die Abwendung von der Realität und die Menschenscheu – denn die Realität und die Menschen stören das Kind beim oralen Lustbezug. Deshalb wendet es sich von ihnen ab.

Als Wirkung der Reinlichkeitserziehung beobachtet man sehr oft das Entstehen eines ausgesprochenen Reinlichkeitssinnes als Reaktionsbildung der frühkindlichen Lust, mit den Fäkalien zu schmieren und den eigenen Körper, Gegenstände usw. zu bemalen. Aus dem Reinlichkeitssinn, falls er überbesetzt wird, kann sich der ›Reinlichkeitsfimmel‹ entwickeln, die Pedanterie, und darauf baut sich oft die Rechthaberei, die eigensinnige Herrschsucht, und in Verbindung mit der oralen Aggression die Streitsucht auf. – Wir haben sie bei Eva beobachtet.

Daß die aggressiven Regungen auf die orale Phase zurückgehen, wissen die Mütter und Kinderpflegerinnen sehr wohl. Das Kleinkind will alles essen, verzehren, zerbeißen, verschlucken, und es tut dies oft mit einer Art Besessenheit und Wut.

Die Kinderstube lehrt auch, daß das Kleinkind seine Körperausscheidungen weder als etwas Schmutziges und Ekelerregendes, noch als etwas Hochwichtiges auffaßt. Es sind in der Regel Erziehungseinflüsse, welche dem Anderthalb- bis Zweijährigen evident machen, die Abgabe von Stuhl und Urin sei eine außerordentlich bedeutsame Angelegenheit, womit man die Pflegeperson, je nachdem, freudig stimmen, oder ihr trotzen kann. Trotz und Eigensinn werden bei der Reinlichkeitsgewöhnung erlernt. Sie können sich als Dauereigenschaften im Charakter konstituieren, oder sie können in einem späteren Zeitpunkt wiederaufgenommen werden, wie wir es bei Eva sahen. Zum ›analen‹ Kreise[2] gehört ebenso das Aufsparen und Zurückhalten des frühinfantilen ›Besitzes‹ (der Fäkalien und des Harnes) –, in sublimierterer Form die Entwicklung des Sparsinnes, der Tendenz zum Sammeln. In der Verzerrung werden daraus der Geiz, die egoistischen Züge, ferner aus der Beharrlichkeit, dem Trotz und dem Durchsetzungswillen die Rücksichtslosigkeit und Arroganz. Eva stand im Begriff, solche ›analen‹ Eigenschaften zu entwickeln: erinnern wir uns der Berichte aus dem Mädcheninstitut.

Dagegen scheint der Ehrgeiz und die Eifersucht mehr harnerotischen Ursprunges zu sein, worauf Christoffel[3] hingewiesen hat. Kleinkinder kann man oft bei Harnspielen beobachten, wobei das eine das andere zu übertreffen sucht. Es sei nur darauf aufmerksam gemacht, daß Knaben häufig unter sich und auch im Verein mit Mädchen wetteifernd prüfen, wer weiter weg oder höher hinauf zu urinieren vermag, und daß der ›Sieger‹ von den anderen brennend beneidet wird. Hierin liegt das primitive Urbild des Eifers, des Ehrgeizes – aber auch der Mißgunst, des Neides und des depressiv-mürrischen Verstimmtseins gegen Mitmenschen und Umwelt; solche Züge haben wir bei Eva auch beobachten können.

[2] Freud, *Analerotik und Analcharakter*. In *Die Heilkunde*. Wien 1910. Jones, *Haß und Analerotik in der Zwangsneurose*. Zeitschrift für Psychoanalyse, Band V, Seite 69, Wien 1919. Abraham, *Psychoanalytische Studien zur Charakterbildung*. Wien 1925.
[3] *Trieb und Kultur*. Basel 1944.

Wenn ich hier besonders auf die Triebzusammenhänge der Charaktereigenschaften hinwies, bin ich mir der Einseitigkeit einer solchen Betrachtungsweise durchaus bewußt. Wir kennen ja das Gesetz der ›mehrfachen Determinierung‹ psychischer Phänomene, wissen im weiteren, daß sich seelische Fehlentwicklungen wie die körperlichen Krankheiten stets jene Stellen auslesen, wo der Mensch vererbungsmäßige Anlagen besitzt und ›disponiert‹ ist – d. h. wo er eine sogenannte ›schwache Stelle‹ besitzt. Wir wissen ferner, daß bei der Bildung von Charaktereigenschaften neben den *Erbanlagen*[4] auch der *›Wertfaktor‹* und das *›Normative‹*[5] ihre Rolle spielen.

Darauf möchte ich hier nicht näher eingehen. Es lag mir nur daran, nachzuweisen, daß der regressive Schub bei Eva die Neubesetzung der prägenitalen Stufen zur Folge hatte, und aus was für Kräften die entsprechenden Charaktereigenschaften – oder charakterlichen »Abläufe« – in Zerrbilder umgewandelt wurden. Wir haben gesehen, daß am Anfang eine *Gewissensreaktion* als Antrieb wirkte, und wir stehen vor der merkwürdig anmutenden Tatsache, daß eine solche die Fehlentwicklung des Charakters zur Folge haben kann.

Darf ich noch auf eine Nebenerscheinung hinweisen. Wir haben bei Eva festgestellt, daß als direktes körperliches Zeichen für ihren Rückschritt auf die orale Stufe das Süßigkeitenlutschen aufgetreten ist. Eine ähnliche Erscheinung, anal bedingt, war auch auffällig: Eva litt im Neuenburger Institut an Obstipationen, und, wahrscheinlich als deren Folge, an einem Gesichtshautausschlag. Die Apothekerrechnung für ein Abführmittel weist darauf hin. Diese physischen Manifestationen laufen also mit den psychischen parallel.

Und nun nimmt uns schon lange wunder, weshalb Eva stahl. Ihre Diebereien brachen aus, nachdem die Tochter von der Mutter aus der elterlichen Wohnung ausgestoßen worden ist. Die seelenkundliche Erforschung ergab, daß sich Eva trotzig das verschaffen wollte, das zu haben sie sich berechtigt fühlte: *Liebe, Mutterliebe*. Geld, mit dem man Süßigkeiten kaufen konnte, bedeutete für ihr Unterbewußtes einen Ersatz, bzw. ein Symbol für ›süße Liebe‹[6]. Gewiß waren auch Rachetendenzen wirksam: Eva wollte die Lieblosigkeit der Mutter, der Pflegemutter im Thurgau, der Directrice und der Kolleginnen im Mädchenheim wiedervergelten, indem sie sie schädigte. »Es geschieht der Mutter recht, wenn ich eine Diebin bin, warum behält sie mich

[4] Paul Helwig, *Charakterologie*. Stuttgart 1952.
[5] Paul Haeberlin, *Der Leib und die Seele*. Basel 1923.
[6] Hans Zulliger, *Symbolische Diebstähle von Kindern und Jugendlichen*. Biel, 2. Aufl. 1953.

nicht zu Hause, und warum hält sie das Versprechen nicht, das sie dem Vater auf dem Sterbebette abgegeben!« – so lautete, in Worte gefaßt, das Gefühl, das Eva bewegte, wenn sie stahl.

Ihr Stehlen entsprach einer ›*Kohlhaas-Reaktion*‹[7] – und eine solche ist letzten Endes wiederum eine fehlgeleitete Gewissensreaktion, wenngleich diese auf andere Weise zustande kam als die Charakterveränderung.

Zugleich dürfen wir das Stehlen als Wirkung einer ›Wiederkehr des Verdrängten‹, nämlich als die eines teilweisen Durchbruches des weiblichen Oedipuskomplexes betrachten. Eva opponiert gegen die ›Mütter‹, indem sie diese schädigt und auf vielerlei Weise in Verlegenheit zu bringen sucht. Somit stehen die Eigentumsdelikte doch auch wieder in Verbindung mit jenem Motor, welcher die gesamte Charakterveränderung zustande gebracht hatte.

Damit rundet sich das Charakterbild zu einem einheitlichen Ganzen. C. F. Meyer hat einst über den Menschen ausgesagt:

»Ich bin kein ausgeklügelt Buch,
Ich bin ein Mensch mit seinem Widerspruch!« (*Huttens letzte Tage*)

Bei tieferer Betrachtung aber sehen wir immer wieder, daß der Mensch und sein Seelisches eine *Einheit* bedeutet, selbst dann, wenn seine Äußerungen scheinbar gegensätzlich und inkonsequent erscheinen.

Damit wollen wir nicht etwa behaupten, wir hätten mit der Tiefenpsychologie das Mittel zur Hand, den Menschen restlos zu erklären und zu durchschauen. Wir sind uns bewußt, daß er letzten Endes rückverbunden ist mit dem Transzendentalen. Damit ist die Stelle bezeichnet, wo er uns immer ein Rätsel und Mysterium bleiben wird, und wo er sich mit keiner Wissenschaft erfassen läßt.

Wenn wir während des Verlaufes unserer Erörterungen den Eindruck gewannen, der größere, der Hauptanteil des Gewissens sei unbewußt, und wir könnten nicht darüber verfügen, ist dies für uns kaum angenehm. Wir möchten allzu gerne wahr haben, daß wir von unserem Unbewußten weitgehend unabhängig seien.

Wir sind auch schon in anderer Hinsicht mehr oder weniger erschüttert worden: bislang glaubten wir, der landesüblichen Ansicht folgend, die Gewissensstimme sei die des Absoluten. Jetzt sehen wir uns gezwungen, diese Meinung einzuschränken und zu sagen: das Absolute *spricht* durch unser Gewissen; aber *nicht alles*, was vom Ge-

[7] Heinrich von Kleist, *Michael Kohlhaas*.

wissen her kommt, ist durch das Absolute bedingt. Denn sonst wären die zahlreichen *Fehlreaktionen des Gewissens* unmöglich. Sie können nicht als Wunsch und Wille des Absoluten angesprochen werden; denn all das, was es beabsichtigt, ist gesund, richtig, recht, gut, normal, jeder ethischen und moralischen Anforderung standhaltend, undiskutabel vom Gesichtspunkt des Seinsollenden und der ewigen Ideale.

Zwar, es hat Dichter wie Dostojewskij gegeben, die behaupteten, auch der Verbrecher suche Gott – er suche ihn durch das Verbrechen.

In einem sehr weiten Sinne ist ja alles, was lebt, geschieht, besteht oder untergeht, Gottes Willensäußerung, also auch das Böse. Es gibt Religionsformen, die zwischen Gott und Teufel nicht unterscheiden, und selbst der von den Christen postulierte Satan ist ursprünglich ein Engel gewesen – er ist ein ›gefallener‹ Engel.

Wir wollen hier jedoch keine theologischen, auch keine philosophischen Erörterungen anstellen, sondern bei der Psychologie bleiben.

Sie zeigt uns, daß das Gewissen als Funktion des zum größten Teile unbewußten Über-Ichs und Ich-Ideals kein einfaches, vielmehr ein sehr kompliziertes Gebilde ist, dessen Teile aus mancherlei Quellen zusammenfließen.

Dies sollte hier dargelegt werden.

Zusammenfassung

Übersichtshalber sei kurz rekapituliert:

Im *ersten Kapitel* legten wir in groben Zügen das Programm zu den weiteren Erörterungen fest. Wir sahen, daß die *Gewissensanlage* wie eine jede andere dem Menschen in die Wiege gegeben ist und von der aller Schöpfung innewohnenden *›normativen Tendenz‹* unterstützt wird. Erste Anregung und Ansporn zur Entfaltung erhält die Gewissensanlage, wenn das Kind *Liebesfähigkeit* entwickeln kann. Sie ist etwas anderes als der kindliche Hunger nach Liebesbezeugungen, und sie hängt, so wie später die Gewissensentwicklung überhaupt, weitgehend von *erzieherischen* Faktoren ab. Das Kind, das lieben und achten gelernt hat, *identifiziert* sich mit den lebendigen Vorbildern, später auch mit anderen; es *introjiziert* dabei die moralischen Forderungen der Vorbilder und empfindet sie als *›Stimme des Gewissens‹*, später als *eigengesetzliche moralische Bedürfnisse*, schließlich als *Verpflichtung gegenüber dem Absoluten*. Zur Gewissensbildung gehören *soziale* und *Milieueinflüsse*, und es ist dem Menschen nur ein geringer Anteil seines Moralischen *bewußt*, der größere wirkt aus dem *Unbewußten*.

Im *zweiten Kapitel* gingen wir den *Erziehungseinflüssen* nach und verfolgten Entwicklung und Bedeutungswandel der *›inneren Stimme‹*.

An Hand von Zeugnissen konnten wir erkennen, daß die ›innere Stimme‹ zuerst die Stimme einer konkret erlebten Autoritätsperson ist, und daß sie erst allmählich verobjektiviert wird, bis sie schließlich als Vermittlerin des göttlichen Willens erkannt werden kann.

Im *dritten Kapitel* beschäftigten wir uns mit dem Zusammenhang zwischen dem *Gewissen und der Liebe*. Wir sahen, was für Faktoren die *Identifizierung* begünstigen und stießen auf den *Oedipuskomplex*, dessen normale Entwicklung und Untergang; der Zusammenhang mit der Gewissensentwicklung wurde aufgezeigt: auf die ursprünglichen Liebesobjekte wird verzichtet, zugleich wird nach dem Vorbild bei einem Trauerfall das Objekt introjiziert und ›unverloren‹ zum eigenen Anteil (im Gewissen) gemacht. Die ethischen Forderungen der ursprünglich äußeren Autorität werden als innere, eigengesetzliche Ansprüche, als eigenständiger moralischer Imperativ empfunden.

Im *vierten Kapitel* wandten wir uns zwei Erscheinungen des *unbe-*

wußten Gewissensanteiles zu: dem *Geständniszwang* und der *Selbstverratstendenz*. Sie führten uns über zum

fünften Kapitel, das von der *unbewußten Selbstbestrafungstendenz* im Menschen handelt, das *Strafbedürfnis* aufzeigt, demzufolge ein Kind sich manchmal schlecht aufführt oder Erziehungsschwierigkeiten zeigt; es möchte erwünschte *Strafe provozieren*, um sein Gewissen zu entsühnen, wenn dieses durch geheimgehaltene Schuld belastet ist.

Die folgenden Kapitel sind besonderen *Fehlreaktionen des Gewissens* gewidmet:

Im *sechsten* ist die *Bildung von ›Banden‹* als Mittel des Rechtsbrechers geschildert, seine *Isolierung* aufzuheben. Der *soziale Bezug* des Gewissens wird augensichtlich. Daraus ergeben sich Gedanken zur Strafgefangenenerziehung, Strafrechtsreform, aber auch zur Heilerziehung der Jugendlichen und zur Allgemeinpädagogik.

Im *siebenten Kapitel* sahen wir, daß ein Kind einer Gewissensregung wegen *›dumm‹* werden kann, daß diese ›Dummheit‹ nicht einer minderwertigen Intelligenz*anlage* entspricht, und daß die *›Pseudodebilität‹* wie ein neurotisches Symptom behandelt und beseitigt zu werden vermag, wenn es gelingt, das überstrenge Über-Ich rückzubilden und die verschiedenen Einflüsse und Kräfte, die das Gewissen ausmachen, in ein normales Gleichgewicht zu bringen.

Im *achten*, letzten Kapitel schließlich wurde gezeigt, daß ein ursprünglich ›guter Charakter‹ sich infolge einer unbewußten Gewissensreaktion in sein Gegenteil verwandeln kann.

Überall und immer haben wir das alltägliche Leben, das konkrete Bild zu Veranschaulichungszwecken herbeigezogen, ab und zu auch Abschnitte aus der Völkerkunde und anderen Geisteswissenschaften.

Denn obwohl ich mich auf die Funde der Psychoanalyse stütze, scheint mir, wir sollten bei psychologischen Untersuchungen, welche letzten Endes der Praxis im Umgang mit Mitmenschen dienen sollen, immer vom *Leben* ausgehen, es nie der *Theorien* wegen aus dem Auge verlieren und Wissenschaft nicht ›um der Wissenschaft willen‹ – als eine rein theoretisch-abstrakte Systematik – treiben. Denn ich bin der Meinung, das Leben sei wichtiger als das stolzeste Gedankengebäude, die Verpflichtung an den Mitmenschen unsere vornehmere Aufgabe als das Aufrichten rein gedanklicher Gerüste »vom grünen Tische aus«. Ich weiß, daß man auch gegenteiliger Ansicht sein kann. Schiller hat gesagt, das Leben sei der Güter höchstes nicht. Für meinen Teil halte ich es lieber mit jenen Autoren, die behaupten, der Mensch sei ›die Krone der Schöpfung‹.

Wenn er dies ist, sollte er solcher Ehre würdig sein. Um es sein zu können, hat er ein vollausgebildetes, zugleich unverbildetes Gewissen nötig, und um ihm ein solches vermitteln zu können, dürfte uns die *Einsicht in die Gewissenspsychologie* von Nutzen sein. Und damit, glaube ich, meine Erörterungen gerechtfertigt zu haben.

Zum Schluß möchte ich noch darauf hinweisen, daß es Leser geben könnte, welche die ›*philosophische Vertiefung*‹ meiner Abhandlungen vermissen.

Es wurde dies aus dem ganz einfachen Grunde unterlassen, daß ich nur Psychologe und Pädagoge bin. Ich begnüge mich mit der Hoffnung, daß ich mit meinen Ausführungen insbesondere all den Menschen, die *praktisch* in der Erziehung, der Heilerziehung, Strafgefangenenerziehung und der Kinderpsychotherapie tätig sind, aber auch den Medizinern, vor allem den Psychohygienikern etwas habe sagen können, das sie anregt und ihnen in ihrer Tätigkeit *hilft*.

Geist und Psyche
Begründet von Nina Kindler 1964

Kinderpsychologie

Gordon W. Allport
Werden der Persönlichkeit
Band 42127

Bruno Bettelheim
Die Geburt des Selbst
Band 42247

Gerd Biermann (Hg.)
Handbuch der Kinderpsychotherapie
Band 42299

John Bolland / Joseph Sandler
Die Hampstead-Methode
Band 42269

John Bowlby
Trennung
Band 42171
Bindung
Band 42210
Verlust
Band 42243

Dorothy Burlingham
Labyrinth Kindheit
Band 42256

Anna Freud
Einführung in die Technik der Kinderanalyse
Band 42111

Herbert Goetze / Wolfgang Jaede
Nicht-direktive Spieltherapie
Band 42262

Hans Gustav Graber
Pränatale Psychologie
Band 42123

Klaus E. Grossmann (Hg.)
Entwicklung der Lernfähigkeit in der sozialen Umwelt
Band 42177

David Kadinsky
Die Entwicklung des Ich beim Kinde
Band 42242

Fischer Taschenbuch Verlag

fi 347 / 5a

Geist und Psyche

Begründet von Nina Kindler 1964

Kinderpsychologie

Melanie Klein
Frühstadien des Ödipuskomplexes
Band 42268

Ein Kind entwickelt sich
Band 42222

Die Psychoanalyse des Kindes
Band 42291

Aloys Leber/
Hans-Georg Trescher/
Elise Weiss-Zimmer
Krisen im Kindergarten
Band 42315

Pierre Mâle
Psychotherapie bei Jugendlichen
Band 42248

Willi Meyer/
Gertrud Wydler
Anja
Band 42283

Peter Orban
Menschwerdung
Band 42282

Carl R. Rogers
Lernen in Freiheit
Band 42307

Alexander Stachiw/
Georg Spiel
Entwicklung der Aggression bei Kindern
Band 42169

Daniel Widlöcher
Was eine Kinderzeichnung verrät
Band 42254

D. W. Winnicott
Von der Kinderheilkunde zur Psychoanalyse
Band 42249

Reifungsprozesse und fördernde Umwelt
Band 42255

Familie und individuelle Entwicklung
Band 42261

Hans Zulliger
Die Angst unserer Kinder
Band 42317

Fischer Taschenbuch Verlag

fi 347/6b

Geist und Psyche

Begründet von Nina Kindler 1964

Psychoanalyse

Peter Kutter
Psychoanalyse in der Bewährung
Band 42263

Peter Kutter / Jörg K. Roth
Psychoanalyse an der Universität
Band 42228

Stavros Mentzos
Neurotische Konfliktverarbeitung
Band 42239
Hysterie
Band 42212
Angstneurose
Band 42266

Humberto Nagera (Hg.)
Psychoanalytische Grundbegriffe
Band 42288

Horst Petri
Angst und Frieden
Band 42294

Hans G. Preuss
Illusion und Wirklichkeit
Band 42281

Theodor Reik
Die verschlungenen Wege des Selbst
Band 42235

Jürgen vom Scheidt
Der unbekannte Freud
Band 42292

Harold Stern
Die Couch
Band 42308

D. W. Winnicott
Von der Kinderheilkunde zur Psychoanalyse
Band 42249
Reifungsprozeß und fördernde Umwelt
Band 42255
Familie und individuelle Entwicklung
Band 42261

Anton Zottl
Otto Rank
Band 42229

Fischer Taschenbuch Verlag

fi 350 / 7 b

Erna M. Johansen

»Ich wollt', ich wäre nie geboren«

Kinder im Krieg

Fischer Taschenbuch Band 3820

Kinder sind von Kriegsgreueln noch nie verschont geblieben. Immer wieder haben Kriegsparteien den Mord an Kindern jeden Alters als bewußtes Terrormittel eingesetzt, um den Gegner zu demoralisieren und den Rache- und Mordgelüsten in den eigenen Reihen freien Lauf zu lassen. Die Literatur über Kriegstäter, von denen viele als große Männer in die Geschichte eingegangen sind, füllt ganze Bibliotheken. Die Literatur über Kriegsopfer ist schon spärlicher, und die Literatur über Kinder als Kriegsopfer ist so gut wie nicht vorhanden. So ist das Buch von Erna M. Johansen eigentlich längst überfällig. Aber Kinder haben bekanntlich keine Lobby und nur wenige Fürsprecher. Zu ihnen gehört Erna M. Johansen, die in jahrelanger Arbeit und unter großen Schwierigkeiten das Schicksal von Kindern im Krieg erforscht und ein geradezu überwältigendes Material an Texten und Bildern zusammengetragen hat. Was Kindern zu allen Zeiten und auf allen Kontinenten durch kriegerische Auseinandersetzungen an Leid widerfahren ist, spottet jeder Beschreibung. Der Schrecken hat sich im Laufe der Geschichte bis hin zu den jüngsten mörderischen Kriegen noch gesteigert.

Fischer Taschenbuch Verlag

fi 515/1

Geist und Psyche

Begründet von Nina Kindler 1964

Neuere Psychotherapien

Gaetano Benedetti
Der psychisch Leidende und seine Welt. Band 42139

Eric Berne
Was sagen Sie, nachdem Sie »Guten Tag« gesagt haben?
Band 42192
Struktur und Dynamik von Organisationen und Gruppen. Band 42201

Bruno Bettelheim
Aufstand gegen die Masse
Band 42217
Die Geburt des Selbst
Band 42247

Medard Boss
Sinn und Gehalt der sexuellen Perversionen
Band 42080

Gion Condrau
Einführung in die Psychotherapie
Band 42115

Gesellschaft für wissenschaftliche Gesprächstherapie
Die klientenzentrierte Gesprächspsychotherapie
Band 42149

Herbert Goetze / Wolfgang Jaede
Nicht direktive Spieltherapie
Band 42262

Leon Grinberg / Marie Langer / Emilio Rodrigue
Psychoanalytische Gruppentherapie. Band 42094

Martin Grotjahn
Die Sprache des Symbols
Band 42182
Kunst und Technik in der Analytischen Gruppentherapie
Band 42270

Institutsgruppe Psychologie der Universität Salzburg (Hg.)
Jenseits der Couch
Band 42264

Abraham A. Maslow
Psychologie des Seins
Band 42195

Gertrud Orff
Die Orff-Musik-Therapie
Band 42193

O. G. Wittgenstein
Märchen, Träume, Schicksale. Band 42300
sagen – hören – sehen Von den Entbindungen des Bewußtseins. Band 42257

Fischer Taschenbuch Verlag

Geist und Psyche
Begründet von Nina Kindler 1964

D. W. Winnicott

»Im Mittelpunkt von Winnicotts Werk stehen seine Überlegungen und Theorien über die primitive emotionale Entwicklung des Kindes. Zu diesem Thema lassen sich alle Arbeiten Winnicotts mosaikartig zusammenfügen, und um dieses Thema kreisen alle seine Überlegungen über Psychose, antisoziale Tendenz, falsches Selbst, das Stadium der Besorgnis und das Übergangsprojekt.«

Prof. Jochen Storck

Von der Kinderheilkunde zur Psychologie
Band 42249

Reifungsprozesse und fördernde Umwelt
Band 42255

Familie und individuelle Entwicklung
Band 42261

Fischer Taschenbuch Verlag

fi 511/1

7,50

Die Schriften der Anna Freud
Ausgabe in 10 Bänden

Herausgegeben von Helga Watson und Michael Schröter

Band I 1922–1936	**Einführung in die Psychoanalyse** **Vorträge für Kinderanalytiker und Lehrer** **Das Ich und die Abwehrmechanismen**
Band II 1939–1945	**Kriegskinder** **Berichte aus den Kriegskinderheimen** **»Hamstead Nurseries« 1941 und 1942**
Band III 1939–1945	**Anstaltskinder** **Berichte aus den Kriegskinderheimen** **»Hamstead Nurseries« 1943 bis 1945**
Band IV 1945–1956	**Indikationsstellung in der Kinderanalyse** **und andere Schriften**
Band V 1945–1956	**Psychoanalyse und Erziehung** **und andere Schriften**
Band VI 1956–1965	**Forschungsergebnisse aus der** **Hamstead Child-Therapy Clinic** **und andere Schriften**
Band VII 1956–1965	**Anwendung psychoanalytischen Wissens** **auf die Kindererziehung** **und andere Schriften**
Band VIII 1965	**Wege und Irrwege in der Kinderentwicklung**
Band IX 1966–1970	**Probleme der psychoanalytischen Ausbildung,** **Diagnose und therapeutischen Technik**
Band X 1971–1980	**Psychoanalytische Beiträge zur normalen** **Kinderentwicklung** **Gesamtregister**

Fischer Taschenbuch Verlag

fi 582/1